LES CAPRICES DE MARIANNE

*suivi d'*On ne badine pas avec l'amour

D'autres classiques à étudier avec nos dossiers Librio +

Un drame dans les airs et autres récits d'aventures, Librio n° 1238
Au vingt-neuvième siècle et autres récits d'anticipation, Librio n° 1237
Sœur-des-Pauvres, Librio n° 1234
Un pour tous, tous pour un, Librio n° 1202
Bel-Ami, Librio n° 1178
Pauca Meae, Librio n° 1169
Contes de la bécasse, Librio n° 1143
La Parure, Librio n° 1104
Claude Gueux, Librio n° 1039
Le Fantôme de Canterville, Librio n° 600
La *Vénus d'Ille*, Librio n° 236
La Petite Roque, Librio n° 217
Le Bonheur dans le crime, Librio n° 196
Pierre et Jean, Librio n° 151
La Dimension fantastique — 1, Librio n° 150
L'Étrange Cas du Dr Jekyll et de Mr Hyde, Librio n° 113
Une vie, Librio n° 109
Un cœur simple, Librio n° 45
La Mort d'Olivier Bécaille, Librio n° 42
Une partie de campagne, Librio n° 29
Double assassinat dans la rue Morgue, Librio n° 26
Lettres de mon moulin, Librio n° 12
Le Horla, Librio n° 1

Musset

LES CAPRICES DE MARIANNE

*suivi d'*On ne badine pas avec l'amour

Librio
TEXTE INTÉGRAL

SOMMAIRE

LES CAPRICES DE MARIANNE

Comédie en deux actes

Publiée en 1833,
représentée pour la première fois à Paris, le 14 juin 1851,
à la Comédie française

PERSONNAGES

CLAUDIO, juge.
CŒLIO.
OCTAVE.
TIBIA, valet de Claudio.
PIPPO, valet de Cœlio.
MALVOLIO, intendant d'Hermia.
Un garçon d'auberge.
MARIANNE, femme de Claudio.
HERMIA, mère de Cœlio.
CIUTA, vieille femme.
DOMESTIQUES.

La scène est à Naples

ACTE PREMIER

Scène première

Une rue devant la maison de Claudio.

MARIANNE, *sortant de chez elle un livre de messe à la main.*
CIUTA, *l'abordant.*

CIUTA. — Ma belle dame, puis-je vous dire un mot?

MARIANNE. — Que me voulez-vous?

CIUTA. — Un jeune homme de cette ville est éperdument* amoureux de vous; depuis un mois entier, il cherche vainement l'occasion de vous l'apprendre; son nom est Cœlio; il est d'une noble famille et d'une figure distinguée.

MARIANNE. — En voilà assez. Dites à celui qui vous envoie qu'il perd son temps et sa peine et que s'il a l'audace de me faire entendre une seconde fois un pareil langage j'en instruirai mon mari. *(Elle sort.)*

CŒLIO, *entrant* — Eh bien! Ciuta, qu'a-t-elle dit?

CIUTA. — Plus dévote* et plus orgueilleuse que jamais. Elle instruira son mari, dit-elle, si on la poursuit plus longtemps.

---

* Les mots suivis d'un astérisque sont définis dans le lexique, en fin d'ouvrage.

Cœlio. — Ah ! malheureux que je suis, je n'ai plus qu'à mourir ! Ah ! la plus cruelle de toutes les femmes ! Et que me conseilles-tu, Ciuta ? quelle ressource puis-je encore trouver ?

Ciuta. — Je vous conseille d'abord de sortir d'ici, car voici son mari qui la suit. *(Ils sortent. — Entrent Claudio et Tibia.)*

Claudio. — Es-tu mon fidèle serviteur, mon valet de chambre dévoué ? Apprends que j'ai à me venger d'un outrage.

Tibia. — Vous, Monsieur ?

Claudio. — Moi-même, puisque ces impudentes* guitares ne cessent de murmurer sous les fenêtres de ma femme. Mais, patience ! tout n'est pas fini. — Écoute un peu de ce côté-ci : voilà du monde qui pourrait nous entendre. Tu m'iras chercher ce soir le spadassin que je t'ai dit.

Tibia. — Pour quoi faire ?

Claudio. — Je crois que Marianne a des amants.

Tibia. — Vous croyez, Monsieur ?

Claudio. — Oui ; il y a autour de ma maison une odeur d'amants ; personne ne passe naturellement devant ma porte ; il y pleut des guitares et des entremetteuses*.

Tibia. — Est-ce que vous pouvez empêcher qu'on donne des sérénades à votre femme ?

Claudio. — Non, mais je puis poster un homme derrière la poterne* et me débarrasser du premier qui entrera.

Tibia. — Fi ! votre femme n'a pas d'amants. — C'est comme si vous disiez que j'ai des maîtresses.

Claudio. — Pourquoi n'en aurais-tu pas, Tibia ? Tu es fort laid, mais tu as beaucoup d'esprit.

TIBIA. — J'en conviens, j'en conviens.

CLAUDIO. — Regarde, Tibia, tu en conviens toi-même ; il n'en faut plus douter, et mon déshonneur est public.

TIBIA. — Pourquoi public ?

CLAUDIO. — Je te dis qu'il est public.

TIBIA. — Mais, Monsieur, votre femme passe pour un dragon de vertu dans toute la ville ; elle ne voit personne, elle ne sort de chez elle que pour aller à la messe.

CLAUDIO. — Laisse-moi faire. — Je ne me sens pas de colère après tous les cadeaux qu'elle a reçus de moi. — Oui, Tibia, je machine en ce moment une épouvantable trame* et me sens prêt à mourir de douleur.

TIBIA. — Oh ! que non.

CLAUDIO. — Quand je te dis quelque chose, tu me ferais plaisir de le croire. *(Ils sortent.)*

CŒLIO, *rentrant.* — Malheur à celui qui, au milieu de la jeunesse, s'abandonne à un amour sans espoir ! Malheur à celui qui se livre à une douce rêverie avant de savoir où sa chimère* le mène et s'il peut être payé de retour ! Mollement couché dans une barque, il s'éloigne peu à peu de la rive, il aperçoit au loin des plaines enchantées, de vertes prairies et le mirage léger de son Eldorado. Les vents l'entraînent en silence et, quand la réalité le réveille, il est aussi loin du but où il aspire que du rivage qu'il a quitté ; il ne peut ni poursuivre sa route ni revenir sur ses pas. *(On entend un bruit d'instruments.)* Quelle est cette mascarade ? N'est-ce pas Octave que j'aperçois ? *(Entre Octave.)*

OCTAVE. — Comment se porte, mon bon Monsieur, cette gracieuse mélancolie ?

CŒLIO. — Octave ! ô fou que tu es ! tu as un pied de rouge sur les joues ! — D'où te vient cet accoutrement* ? N'as-tu pas de honte en plein jour ?

OCTAVE. — Ô Cœlio ! fou que tu es ! tu as un pied de blanc sur les joues ! — D'où te vient ce large habit noir ? N'as-tu pas de honte en plein carnaval ?

CŒLIO. — Quelle vie que la tienne ! Ou tu es gris*, ou je le suis moi-même.

OCTAVE. — Ou tu es amoureux, ou je le suis moi-même.

CŒLIO. — Plus que jamais de la belle Marianne.

OCTAVE. — Plus que jamais de vin de Chypre.

CŒLIO. — J'allais chez toi quand je t'ai rencontré.

OCTAVE. — Et moi aussi j'allais chez moi. Comment se porte ma maison ? Il y a huit jours que je ne l'ai vue.

CŒLIO. — J'ai un service à te demander.

OCTAVE. — Parle, Cœlio, mon cher enfant. Veux-tu de l'argent ? Je n'en ai plus. Veux-tu des conseils ? Je suis ivre. Veux-tu mon épée ? Voilà une batte d'arlequin. Parle, parle, dispose de moi.

CŒLIO. — Combien de temps cela durera-t-il ? Huit jours hors de chez toi ! Tu te tueras, Octave.

OCTAVE. — Jamais de ma propre main, mon ami, jamais ; j'aimerais mieux mourir que d'attenter à mes jours.

CŒLIO. — Et n'est-ce pas un suicide comme un autre que la vie que tu mènes ?

OCTAVE. — Figure-toi un danseur de corde, en brodequins* d'argent, le balancier au poing, suspendu entre le ciel et la terre ; à droite et à gauche, de vieilles petites figures racornies*, de maigres et pâles fantômes, des créanciers* agiles, des parents et des courtisans ; toute une légion de monstres se suspendent à son manteau et le tiraillent de tous côtés pour lui faire perdre l'équilibre ; des phrases redondantes*, de grands mots enchâssés* cavalcadent* autour de lui ; une nuée de prédictions sinistres l'aveugle de ses ailes noires. Il continue sa course légère de l'orient à l'occident. S'il regarde en bas, la tête lui tourne ; s'il regarde en haut, le pied lui manque. Il va plus vite que le vent, et toutes les mains tendues autour de lui ne lui feront pas renverser une goutte de la coupe joyeuse qu'il porte à la sienne. Voilà ma vie, mon cher ami ; c'est ma fidèle image que tu vois.

CŒLIO. — Que tu es heureux d'être fou !

OCTAVE. — Que tu es fou de ne pas être heureux ! Dis-moi un peu, toi, qu'est-ce qui te manque ?

CŒLIO. — Il me manque le repos, la douce insouciance qui fait de la vie un miroir où tous les objets se peignent un instant et sur lequel tout glisse. Une dette pour moi est un remords. L'amour, dont vous autres vous faites un passe-temps, trouble ma vie entière. Ô mon ami, tu ignoreras toujours ce que c'est qu'aimer comme moi ! Mon cabinet d'étude est désert ; depuis un mois j'erre autour de cette maison la nuit et le jour. Quel charme j'éprouve, au lever de la lune, à conduire sous ces petits arbres, au fond de cette place, mon chœur modeste de musiciens, à marquer moi-même la mesure, à les entendre chanter la beauté de Marianne ! Jamais elle n'a paru à sa fenêtre ; jamais elle n'est venue appuyer son front charmant sur sa jalousie*.

OCTAVE. — Qui est cette Marianne ? est-ce que c'est ma cousine ?

CŒLIO. — C'est elle-même, la femme du vieux Claudio.

OCTAVE. — Je ne l'ai jamais vue, mais à coup sûr elle est ma cousine. Claudio est fait exprès. Confie-moi tes intérêts, Cœlio.

CŒLIO. — Tous les moyens que j'ai tentés pour lui faire connaître mon amour ont été inutiles. Elle sort du couvent; elle aime son mari et respecte ses devoirs. Sa porte est fermée à tous les jeunes gens de la ville, et personne ne peut l'approcher.

OCTAVE. — Ouais! est-elle jolie? — Sot que je suis! tu l'aimes, cela n'importe guère. Que pourrions-nous imaginer?

CŒLIO. — Faut-il te parler franchement? ne te riras-tu pas de moi?

OCTAVE. — Laisse-moi rire de toi, et parle franchement.

CŒLIO. — En ta qualité de parent, tu dois être reçu dans la maison.

OCTAVE. — Suis-je reçu? Je n'en sais rien. Admettons que je suis reçu. À te dire vrai, il y a une grande différence entre mon auguste famille et une botte d'asperges. Nous ne formons pas un faisceau* bien serré, et nous ne tenons guère les uns aux autres que par écrit. Cependant Marianne connaît mon nom. Faut-il lui parler en ta faveur?

CŒLIO. — Vingt fois j'ai tenté de l'aborder; vingt fois j'ai senti mes genoux fléchir en approchant d'elle. J'ai été forcé de lui envoyer la vieille Ciuta. Quand je la vois, ma gorge se serre et j'étouffe, comme si mon cœur se soulevait jusqu'à mes lèvres.

OCTAVE. — J'ai éprouvé cela. C'est ainsi qu'au fond des forêts, lorsqu'une biche avance à petits pas sur les feuilles sèches et que le chasseur entend les bruyères glisser sur ses flancs inquiets comme le frôlement d'une robe légère, les battements de cœur le prennent malgré lui; il soulève son arme en silence, sans faire un pas et sans respirer.

CŒLIO. — Pourquoi donc suis-je ainsi? n'est-ce pas une vieille maxime, parmi les libertins, que toutes les femmes se ressemblent ? Pourquoi donc y a-t-il si peu d'amours qui se ressemblent ? En vérité, je ne saurais aimer cette femme comme toi, Octave, tu l'aimerais, ou comme j'en aimerais une autre. Qu'est-ce donc pourtant que tout cela ? Deux yeux bleus, deux lèvres vermeilles*, une robe blanche et deux blanches mains. Pourquoi ce qui te rendrait joyeux et empressé, ce qui t'attirerait, toi, comme l'aiguille aimantée attire le fer, me rend-il triste et immobile ? Qui pourrait dire : ceci est gai ou triste ? La réalité n'est qu'une ombre. Appelle imagination ou folie ce qui la divinise. — Alors la folie est la beauté elle-même. Chaque homme marche enveloppé d'un réseau transparent qui le couvre de la tête aux pieds : il croit voir des bois et des fleuves, des visages divins, et l'universelle nature se teint sous ses regards des nuances infinies du tissu magique. Octave ! Octave ! viens à mon secours.

OCTAVE. — J'aime ton amour, Cœlio ! il divague* dans ta cervelle comme un flacon syracusain. Donne-moi la main ; je viens à ton secours ; attends un peu, l'air me frappe au visage, et les idées me reviennent. Je connais cette Marianne, elle me déteste fort sans m'avoir jamais vu. C'est une mince poupée qui marmonne des *Ave* sans fin.

CŒLIO. — Fais ce que tu voudras, mais ne me trompe pas, je t'en conjure* ; il est aisé de me tromper, je ne sais pas me défier d'une action que je ne voudrais pas faire moi-même.

OCTAVE. — Si tu escaladais les murs ?

CŒLIO. — Entre elle et moi est une muraille imaginaire que je n'ai pu escalader.

OCTAVE. — Si tu lui écrivais ?

CŒLIO. — Elle déchire mes lettres ou me les renvoie.

OCTAVE. — Si tu en aimais une autre ? Viens avec moi chez Rosalinde.

CŒLIO. — Le souffle de ma vie est à Marianne ; elle peut d'un mot de ses lèvres l'anéantir ou l'embraser*. Vivre pour une autre me serait plus difficile que de mourir pour elle : ou je réussirai ou je me tuerai. Silence ! la voici qui détourne la rue.

OCTAVE. — Retire-toi, je vais l'aborder.

CŒLIO. — Y penses-tu ? dans l'équipage où te voilà ! Essuie-toi le visage : tu as l'air d'un fou.

OCTAVE. — Voilà qui est fait. L'ivresse et moi, mon cher Cœlio, nous sommes trop chers l'un à l'autre pour nous jamais disputer, elle fait mes volontés comme je fais les siennes. N'aie aucune crainte là-dessus, c'est le fait d'un étudiant en vacance qui se grise un jour de grand dîner, de perdre la tête et de lutter avec le vin ; moi, mon caractère est d'être ivre ; ma façon de penser est de me laisser faire, et je parlerais au roi en ce moment, comme je vais parler à ta belle.

CŒLIO. — Je ne sais ce que j'éprouve. — Non, ne lui parle pas.

OCTAVE. — Pourquoi ?

CŒLIO. — Je ne puis dire pourquoi ; il me semble que tu vas me tromper.

OCTAVE. — Touche là. Je te jure sur mon honneur que Marianne sera à toi, ou à personne au monde, tant que j'y pourrai quelque chose. *(Cœlio sort. — Entre Marianne. Octave l'aborde.)*

OCTAVE. — Ne vous détournez pas, princesse de beauté ; laissez tomber vos regards sur le plus indigne de vos serviteurs.

MARIANNE. — Qui êtes-vous ?

OCTAVE. — Mon nom est Octave ; je suis cousin de votre mari.

MARIANNE. — Venez-vous pour le voir ? entrez au logis, il va revenir.

OCTAVE. — Je ne viens pas pour le voir et n'entrerai point au logis, de peur que vous ne m'en chassiez tout à l'heure, quand je vous aurai dit ce qui m'amène.

MARIANNE. — Dispensez-vous donc de le dire et de m'arrêter plus longtemps.

OCTAVE. — Je ne saurais m'en dispenser et vous supplie de vous arrêter pour l'entendre. Cruelle Marianne ! vos yeux ont causé bien du mal, et vos paroles ne sont pas faites pour le guérir. Que vous avait fait Cœlio ?

MARIANNE. — De qui parlez-vous, et quel mal ai-je causé ?

OCTAVE. — Un mal le plus cruel de tous, car c'est un mal sans espérance ; le plus terrible, car c'est un mal qui se chérit* lui-même et repousse la coupe salutaire jusque dans la main de l'amitié, un mal qui fait pâlir les lèvres sous des poisons plus doux que l'ambroisie, et qui fond en une pluie de larmes le cœur le plus dur, comme la perle de Cléopâtre ; un mal que tous les aromates, toute la science humaine ne sauraient soulager, et qui se nourrit du vent qui passe, du parfum d'une rose fanée, du refrain d'une chanson, et qui suce l'éternel aliment de ses souffrances dans tout ce qui l'entoure, comme une abeille son miel dans tous les buissons d'un jardin.

MARIANNE. — Me direz-vous le nom de ce mal ?

OCTAVE. — Que celui qui est digne de le prononcer vous le dise, que les rêves de vos nuits, que ces orangers verts, cette fraîche cascade vous l'apprennent ; que vous puissiez le chercher un beau soir, vous le trouverez sur vos lèvres ; son nom n'existe pas sans lui.

MARIANNE. — Est-il si dangereux à dire, si terrible dans sa contagion, qu'il effraye une langue qui plaide en sa faveur ?

OCTAVE. — Est-il si doux à entendre, cousine, que vous le demandiez ? Vous l'avez appris à Cœlio.

MARIANNE. — C'est donc sans le vouloir, je ne connais ni l'un ni l'autre.

OCTAVE. — Que vous les connaissiez ensemble, et que vous ne les sépariez jamais, voilà le souhait de mon cœur.

MARIANNE. — En vérité ?

OCTAVE. — Cœlio est le meilleur de mes amis ; si je voulais vous faire envie, je vous dirais qu'il est beau comme le jour, jeune, noble, et je ne mentirais pas ; mais je ne veux que vous faire pitié, et je vous dirai qu'il est triste comme la mort, depuis le jour où il vous a vue.

MARIANNE. — Est-ce ma faute s'il est triste ?

OCTAVE. — Est-ce sa faute si vous êtes belle ? Il ne pense qu'à vous ; à toute heure il rôde autour de cette maison. N'avez-vous jamais entendu chanter sous vos fenêtres ? N'avez-vous jamais soulevé à minuit cette jalousie et ce rideau ?

MARIANNE. — Tout le monde peut chanter le soir, et cette place appartient à tout le monde.

OCTAVE. — Tout le monde aussi peut vous aimer ; mais personne ne peut vous le dire. Quel âge avez-vous, Marianne ?

MARIANNE. — Voilà une jolie question ! et si je n'avais que dix-neuf ans, que voudriez-vous que j'en pense ?

OCTAVE. — Vous avez donc encore cinq ou six ans pour être aimée, huit ou dix ans pour aimer vous-même, et le reste pour prier Dieu.

MARIANNE. — Vraiment ? Eh bien ! pour mettre le temps à profit, j'aime Claudio, votre cousin et mon mari.

OCTAVE. — Mon cousin et votre mari ne feront jamais à eux deux qu'un pédant* de village ; vous n'aimez point Claudio.

MARIANNE. — Ni Cœlio ; vous pouvez le lui dire.

OCTAVE. — Pourquoi ?

MARIANNE. — Pourquoi n'aimerais-je pas Claudio ? C'est mon mari.

OCTAVE. — Pourquoi n'aimeriez-vous pas Cœlio ? C'est votre amant.

MARIANNE. — Me direz-vous aussi pourquoi je vous écoute ? Adieu, seigneur Octave ; voilà une plaisanterie qui a duré assez longtemps. *(Elle sort.)*

OCTAVE. — Ma foi, ma foi ! elle a de beaux yeux. *(Il sort.)*

SCÈNE II

La maison de Cœlio.

HERMIA, PLUSIEURS DOMESTIQUES, MALVOLIO.

HERMIA. — Disposez ces fleurs comme je vous l'ai ordonné. A-t-on dit aux musiciens de venir ?

UN DOMESTIQUE. — Oui, madame ; ils seront ici à l'heure du souper.

Hermia. — Ces jalousies fermées sont trop sombres ; qu'on laisse entrer le jour sans laisser entrer le soleil ! — Plus de fleurs autour de ce lit ! Le souper est-il bon ? Aurons-nous notre belle voisine, la comtesse Pergoli ? À quelle heure est sorti mon fils ?

Malvolio. — Pour être sorti, il faudrait d'abord qu'il fût rentré. Il a passé la nuit dehors.

Hermia. — Vous ne savez ce que vous dites. — Il a soupé hier avec moi et m'a ramenée ici. A-t-on fait porter dans le cabinet d'étude le tableau que j'ai acheté ce matin ?

Malvolio. — Du vivant de son père, il n'en aurait pas été ainsi. Ne dirait-on pas que notre maîtresse a dix-huit ans et qu'elle attend son sigisbée* !

Hermia. — Mais du vivant de sa mère, il en est ainsi, Malvolio. Qui vous a chargé de veiller sur sa conduite ? Songez-y : que Cœlio ne rencontre pas sur son passage un visage de mauvais augure* ; qu'il ne vous entende pas grommeler entre vos dents, comme un chien de basse-cour à qui l'on dispute l'os qu'il veut ronger, ou, par le ciel ! pas un de vous ne passera la nuit sous ce toit.

Malvolio. — Je ne grommelle rien ; ma figure n'est pas un mauvais présage : vous me demandez à quelle heure est sorti mon maître, et je vous réponds qu'il n'est pas rentré. Depuis qu'il a l'amour en tête, on ne le voit pas quatre fois la semaine.

Hermia. — Pourquoi ces livres sont-ils couverts de poussière ? Pourquoi ces meubles sont-ils en désordre ? Pourquoi faut-il que je mette ici la main à tout, si je veux obtenir quelque chose ? Il vous appartient bien de lever les yeux sur ce qui ne vous regarde pas, lorsque votre ouvrage est à moitié fait et que les soins dont on vous charge retombent sur les autres ! Allez, et retenez votre langue. *(Entre Cœlio.)* Eh bien ! mon cher enfant, quels seront vos plaisirs aujourd'hui ? *(Les domestiques se retirent.)*

CŒLIO. — Les vôtres, ma mère. *(Il s'assoit.)*

HERMIA. — Eh quoi ! les plaisirs communs, et non les peines communes ? C'est un partage injuste, Cœlio. Ayez des secrets pour moi, mon enfant, mais non pas de ceux qui vous rongent le cœur et vous rendent insensible à tout ce qui vous entoure.

CŒLIO. — Je n'ai pas de secrets, et plût à Dieu, si j'en avais, qu'ils fussent de nature à faire de moi une statue.

HERMIA. — Quand vous aviez dix ou douze ans, toutes vos peines, tous vos petits chagrins se rattachaient à moi, d'un regard sévère ou indulgent de ces yeux que voilà dépendait la tristesse ou la joie des vôtres, et votre petite tête blonde tenait par un fil bien délié au cœur de votre mère. Maintenant, mon enfant, je ne suis plus qu'une vieille sœur, incapable peut-être de soulager vos ennuis, mais non pas de les partager.

CŒLIO. — Et vous aussi, vous avez été belle ! Sous ces cheveux argentés qui ombragent votre noble front, sous ce long manteau qui vous couvre, l'œil reconnaît encore le port majestueux d'une reine et les formes gracieuses d'une Diane chasseresse. Ô ma mère ! vous avez inspiré l'amour ! Sous vos fenêtres entr'ouvertes a murmuré le son de la guitare, sur ces places bruyantes, dans le tourbillon de ces fêtes, vous avez promené une insouciante et superbe jeunesse ; vous n'avez point aimé ; un parent de mon père est mort d'amour pour vous.

HERMIA. — Quel souvenir me rappelles-tu ?

CŒLIO. — Ah ! si votre cœur peut en supporter la tristesse, si ce n'est pas vous demander des larmes, racontez-moi cette aventure, ma mère, faites-m'en connaître les détails.

HERMIA. — Votre père ne m'avait jamais vue alors. Il se chargea, comme allié de ma famille, de faire agréer la demande du jeune Orsini, qui voulait m'épouser. Il fut reçu comme le méritait son rang par votre grand-père et admis dans son intimité. Orsini était un excellent parti, et cependant je le refusai. Votre père, en plaidant pour lui, avait tué dans mon cœur le peu d'amour qu'il m'avait inspiré pendant deux mois d'assiduités* constantes. Je n'avais pas soupçonné la force de sa passion pour moi. Lorsqu'on lui apporta ma réponse, il tomba, privé de connaissance, dans les bras de votre père. Cependant une longue absence, un voyage qu'il entreprit alors, et dans lequel il augmenta sa fortune, devaient avoir dissipé ses chagrins. Votre père changea de rôle et demanda pour lui ce qu'il n'avait pu obtenir pour Orsini. Je l'aimais d'un amour sincère et l'estime qu'il avait inspirée à mes parents ne me permit pas d'hésiter. Le mariage fut décidé le jour même et l'église s'ouvrit pour nous quelques semaines après. Orsini revint à cette époque. Il vint trouver votre père, l'accabla de reproches, l'accusa d'avoir trahi sa confiance et d'avoir causé le refus qu'il avait essuyé. Du reste, ajouta-t-il, si vous avez désiré ma perte, vous serez satisfait. Épouvanté de ces paroles, votre père vint trouver le mien et lui demander son témoignage pour désabuser Orsini. — Hélas ! il n'était plus temps, on trouva dans sa chambre le pauvre jeune homme traversé de part en part de plusieurs coups d'épée.

Scène III

Le jardin de Claudio.

CLAUDIO et TIBIA, *entrant.*

CLAUDIO. — Tu as raison, et ma femme est un trésor de pureté. Que te dirai-je de plus ? c'est une vertu solide.

TIBIA. — Vous croyez, Monsieur ?

CLAUDIO. — Peut-elle empêcher qu'on ne chante sous ses croisées ? Les signes d'impatience qu'elle peut donner dans son intérieur sont les suites de son caractère. As-tu remarqué que sa mère, lorsque j'ai touché cette corde, a été tout d'un coup du même avis que moi ?

TIBIA. — Relativement à quoi ?

CLAUDIO. — Relativement à ce qu'on chante sous ses croisées.

TIBIA. — Chanter n'est pas un mal, je fredonne moi-même à tout moment.

CLAUDIO. — Mais bien chanter est difficile.

TIBIA. — Difficile pour vous et pour moi qui, n'ayant pas reçu de voix de la nature, ne l'avons jamais cultivée ; mais voyez comme ces acteurs de théâtre s'en tirent habilement.

CLAUDIO. — Ces gens-là passent leur vie sur les planches.

TIBIA. — Combien croyez-vous qu'on puisse donner par an ?

CLAUDIO. — À qui ? à un juge de paix ?

TIBIA. — Non, à un chanteur.

CLAUDIO. — Je n'en sais rien. — On donne à un juge de paix le tiers de ce que vaut ma charge. Les conseillers de justice ont moitié.

TIBIA. — Si j'étais juge en cour royale, et que ma femme eût des amants, je les condamnerais moi-même.

CLAUDIO. — À combien d'années de galère ?

TIBIA. — À la peine de mort. Un arrêt de mort est une chose superbe à lire à haute voix.

CLAUDIO. — Ce n'est pas le juge qui le lit, c'est le greffier*.

TIBIA. — Le greffier de votre tribunal a une jolie femme.

CLAUDIO. — Non, c'est le président qui a une jolie femme ; j'ai soupé hier avec eux.

TIBIA. — Le greffier aussi ; le spadassin qui va venir ce soir est l'amant de la femme du greffier.

CLAUDIO. — Quel spadassin ?

TIBIA. — Celui que vous avez demandé.

CLAUDIO. — Il est inutile qu'il vienne après ce que je t'ai dit tout à l'heure.

TIBIA. — À quel sujet ?

CLAUDIO. — Au sujet de ma femme.

TIBIA. — La voici qui vient elle-même. *(Entre Marianne.)*

MARIANNE. — Savez-vous ce qui m'arrive pendant que vous courez les champs ? J'ai reçu la visite de votre cousin.

CLAUDIO. — Qui cela peut-il être ? Nommez-le par son nom.

MARIANNE. — Octave, qui m'a fait une déclaration d'amour de la part de son ami Cœlio. Qui est ce Cœlio ? Connaissez-vous cet homme ? Trouvez bon que ni lui ni Octave ne mettent les pieds dans cette maison.

CLAUDIO. — Je le connais, c'est le fils d'Hermia, notre voisine. Qu'avez-vous répondu à cela ?

MARIANNE. — Il ne s'agit pas de ce que j'ai répondu. Comprenez-vous ce que je dis ? Donnez ordre à vos gens qu'ils ne laissent entrer ni cet homme ni son ami. Je m'attends à quelque importunité* de leur part, et je suis bien aise de l'éviter. *(Elle sort.)*

CLAUDIO. — Que penses-tu de cette aventure, Tibia ? Il y a quelque ruse là-dessous.

TIBIA. — Vous croyez, Monsieur ?

CLAUDIO. — Pourquoi n'a-t-elle pas voulu dire ce qu'elle a répondu ? La déclaration est impertinente, il est vrai, mais la réponse mérite d'être connue. J'ai le soupçon que ce Cœlio est l'ordonnateur de toutes ces guitares.

TIBIA. — Défendre votre porte à ces deux hommes est un moyen excellent de les éloigner.

CLAUDIO. — Rapporte-t'en à moi. — Il faut que je fasse part de cette découverte à ma belle-mère. J'imagine que ma femme me trompe, et que toute cette fable est une pure invention pour me faire prendre le change et troubler entièrement mes idées. *(Ils sortent.)*

ACTE DEUXIÈME

Scène première

Une rue.

Octave et Ciuta *entrent.*

Octave. — Il y renonce, dites-vous ?

Ciuta. — Hélas ! pauvre jeune homme ! il aime plus que jamais, et sa mélancolie se trompe elle-même sur les désirs qui la nourrissent. Je croirais presque qu'il se défie de vous, de moi, de tout ce qui l'entoure.

Octave. — Non, de par le ciel ! je n'y renoncerai pas ; je me sens moi-même une autre Marianne, et il y a du plaisir à être entêté. Ou Cœlio réussira, ou j'y perdrai ma langue.

Ciuta. — Agirez-vous contre sa volonté ?

Octave. — Oui, pour agir d'après la mienne, qui est sa sœur aînée, et pour envoyer aux enfers messer Claudio le juge, que je déteste, méprise et abhorre* depuis les pieds jusqu'à la tête.

Ciuta. — Je lui porterai donc votre réponse, et, quant à moi, je cesse de m'en mêler.

Octave. — Je suis comme un homme qui tient la banque d'un pharaon pour le compte d'un autre, et qui a la veine contre lui ; il noierait plutôt son meilleur ami que de céder, et la colère de perdre avec l'argent d'autrui l'enflamme cent fois plus que ne le ferait sa propre ruine. *(Entre Cœlio.)* Comment, Cœlio, tu abandonnes la partie ?

CŒLIO. — Que veux-tu que je fasse ?

OCTAVE. — Te défies-tu de moi ? Qu'as-tu ? te voilà pâle comme la neige. Que se passe-t-il en toi ?

CŒLIO. — Pardonne-moi ! pardonne-moi ! Fais ce que tu voudras ; va trouver Marianne. — Dis-lui que me tromper, c'est me donner la mort, et que ma vie est dans ses yeux. *(Il sort.)*

OCTAVE. — Par le ciel, voilà qui est étrange !

CIUTA. — Silence ! vêpres* sonnent ; la grille du jardin vient de s'ouvrir ; Marianne sort. — Elle approche lentement. *(Ciuta se retire. — Entre Marianne.)*

OCTAVE. — Belle Marianne, vous dormirez tranquillement. — Le cœur de Cœlio est à une autre, et ce n'est plus sous vos fenêtres qu'il donnera ses sérénades.

MARIANNE. — Quel dommage et quel grand malheur de n'avoir pu partager un amour comme celui-là ! Voyez comme le hasard me contrarie ! Moi qui allais l'aimer.

OCTAVE. — En vérité !

MARIANNE. — Oui, sur mon âme, ce soir ou demain matin, dimanche au plus tard, je lui appartenais. Qui pourrait ne pas réussir avec un ambassadeur tel que vous ? Il faut croire que sa passion pour moi était quelque chose comme du chinois ou de l'arabe, puisqu'il lui fallait un interprète, et qu'elle ne pouvait s'expliquer toute seule.

OCTAVE. — Raillez, raillez, nous ne vous craignons plus.

MARIANNE. — Ou peut-être que cet amour n'était encore qu'un pauvre enfant à la mamelle, et vous, comme une sage nourrice, en le menant à la lisière, vous l'aurez laissé tomber la tête la première en le promenant par la ville.

OCTAVE. — La sage nourrice s'est contentée de lui faire boire d'un certain lait que la vôtre vous a versé sans doute, et généreusement ; vous en avez encore sur les lèvres une goutte qui se mêle à toutes vos paroles.

MARIANNE. — Comment s'appelle ce lait merveilleux ?

OCTAVE. — L'indifférence. Vous ne pouvez aimer ni haïr, et vous êtes comme les roses du Bengale, Marianne, sans épines et sans parfum.

MARIANNE. — Bien dit. Aviez-vous préparé d'avance cette comparaison ? Si vous ne brûlez pas le brouillon de vos harangues*, donnez-le-moi, de grâce, que je les apprenne à ma perruche.

OCTAVE. — Qu'y trouvez-vous qui puisse vous blesser ? Une fleur sans parfum n'en est pas moins belle ; bien au contraire, ce sont les plus belles que Dieu a faites ainsi ; et le jour où, comme une Galatée d'une nouvelle espèce, vous deviendrez de marbre au fond de quelque église, ce sera une charmante statue que vous ferez et qui ne laissera pas que de trouver quelque niche respectable dans un confessionnal.

MARIANNE. — Mon cher cousin, est-ce que vous ne plaignez pas le sort des femmes ? Voyez un peu ce qui m'arrive : il est décrété par le sort que Cœlio m'aime, ou qu'il croit m'aimer, lequel Cœlio le dit à ses amis, lesquels amis décrètent à leur tour que, sous peine de mort, je serai sa maîtresse. La jeunesse napolitaine daigne m'envoyer en votre personne un digne représentant chargé de me faire savoir que j'ai à aimer ledit seigneur Cœlio d'ici à une huitaine de jours. Pesez cela, je vous en prie. Si je me rends, que dira-t-on de moi ? N'est-ce pas une femme bien abjecte* que celle qui obéit à point nommé, à l'heure convenue, à une pareille proposition ? Ne va-t-on pas la déchirer à belles dents, la montrer au doigt et faire de son nom le refrain d'une chanson à boire ? Si elle refuse, au contraire, est-il un monstre qui lui soit comparable ? Est-il une statue plus froide qu'elle, et l'homme qui lui parle, qui ose l'arrêter en place publique son livre de messe à la main, n'a-t-il pas le droit de lui dire : Vous êtes une rose du Bengale sans épines et sans parfum ?

OCTAVE. — Cousine, cousine, ne vous fâchez pas.

MARIANNE. — N'est-ce pas une chose bien ridicule que l'honnêteté et la foi jurée ? que l'éducation d'une fille, la fierté d'un cœur qui s'est figuré qu'il vaut quelque chose, et qu'avant de jeter au vent la poussière de sa fleur chérie, il faut que le calice* en soit baigné de larmes, épanoui par quelques rayons de soleil, entr'ouvert par une main délicate ? Tout cela n'est-il pas un rêve, une bulle de savon qui, au premier soupir d'un cavalier à la mode, doit s'évaporer dans les airs ?

OCTAVE. — Vous vous méprenez sur mon compte et sur celui de Cœlio.

MARIANNE. — Qu'est-ce après tout qu'une femme ? L'occupation d'un moment, une coupe fragile qui renferme une goutte de rosée, qu'on porte à ses lèvres et qu'on jette par-dessus son épaule. Une femme ! c'est une partie de plaisir ! Ne pourrait-on pas dire, quand on en rencontre une : Voilà une belle nuit qui passe ? Et ne serait-ce pas un grand écolier en de telles matières que celui qui baisserait les yeux devant elle, qui se dirait tout bas : « Voilà peut-être le bonheur d'une vie entière », et qui la laisserait passer ? *(Elle sort.)*

OCTAVE, *seul.* — Tra, tra, poum ! poum ! tra deri la la ! Quelle drôle de petite bonne femme ! hai ! holà ! *(Il frappe à une auberge.)* Apportez-moi ici, sous cette tonnelle*, une bouteille de quelque chose.

LE GARÇON. — Ce qui vous plaira, Excellence. Voulez-vous du lacryma-christi ?

OCTAVE. — Soit, soit. Allez-vous-en un peu chercher dans les rues d'alentour le seigneur Cœlio, qui porte un manteau noir et des culottes plus noires encore. Vous lui direz qu'un de ses amis est là qui boit tout seul du lacryma-christi. Après quoi vous irez à la grande place, et vous m'apporterez une certaine Rosalinde qui est rousse et qui est toujours à sa fenêtre. *(Le garçon sort.)* Je ne sais ce que j'ai dans la gorge ; je suis triste comme une procession. *(Buvant.)* Je ferais aussi bien de dîner ici ; voilà le jour qui baisse. Drig ! drig ! quel ennui que ces vêpres ! est-ce que j'ai envie de dormir ? je me sens tout pétrifié. *(Entrent Claudio et Tibia.)* Cousin Claudio, vous êtes un beau juge ; où allez-vous si couramment ?

CLAUDIO. — Qu'entendez-vous par là, seigneur Octave ?

OCTAVE. — J'entends que vous êtes un magistrat qui a de belles formes.

CLAUDIO. — De langage ou de complexion ?

OCTAVE. — De langage, de langage. Votre perruque est pleine d'éloquence, et vos jambes sont deux charmantes parenthèses.

CLAUDIO. — Soit dit en passant, seigneur Octave, le marteau de ma porte m'a tout l'air de vous avoir brûlé les doigts.

OCTAVE. — En quelle façon, juge plein de science ?

CLAUDIO. — En y voulant frapper, cousin plein de finesse.

OCTAVE. — Ajoute hardiment plein de respect, juge, pour le marteau de ta porte, mais tu peux le faire peindre à neuf sans que je craigne de m'y salir les doigts.

CLAUDIO. — En quelle façon, cousin plein de facéties ?

OCTAVE. — En n'y frappant jamais, juge plein de causticité*.

CLAUDIO. — Cela vous est pourtant arrivé, puisque ma femme a enjoint à ses gens de vous fermer la porte au nez à la première occasion.

OCTAVE. — Tes lunettes sont myopes, juge plein de grâce ; tu te trompes d'adresse dans ton compliment.

CLAUDIO. — Mes lunettes sont excellentes, cousin plein de riposte ; n'as-tu pas fait à ma femme une déclaration amoureuse ?

OCTAVE. — À quelle occasion, subtil magistrat ?

CLAUDIO. — À l'occasion de ton ami Cœlio, cousin. Malheureusement j'ai tout entendu.

OCTAVE. — Par quelle oreille, sénateur incorruptible ?

CLAUDIO. — Par celle de ma femme, qui m'a tout raconté, godelureau* chéri.

OCTAVE. — Tout absolument, époux idolâtré ? Rien n'est resté dans cette charmante oreille ?

CLAUDIO. — Il y est resté sa réponse, charmant pilier de cabaret, que je suis chargé de te faire.

OCTAVE. — Je ne suis pas chargé de l'entendre, cher procès-verbal.

CLAUDIO. — Ce sera donc ma porte en personne qui te la fera, aimable croupier de roulette, si tu t'avises de la consulter.

Octave. — C'est ce dont je ne me soucie guère, chère sentence de mort; je vivrai heureux sans cela.

Claudio. — Puisses-tu le faire en repos, cher cornet de passe — dix! je te souhaite mille prospérités.

Octave. — Rassure-toi sur ce sujet, cher verrou de prison! je dors tranquille comme une audience. *(Sortent Claudio et Tibia.)*

Octave, *seul.* — Il me semble que voilà Cœlio qui s'avance de ce côté. Cœlio! Cœlio! À qui diable en a-t-il? *(Entre Cœlio.)* Sais-tu, mon cher ami, le beau tour que nous joue ta princesse? Elle a tout dit à son mari.

Cœlio. — Comment le sais-tu?

Octave. — Par la meilleure de toutes les voies possibles. Je quitte à l'instant Claudio. Marianne nous fera fermer la porte au nez, si nous nous avisons de l'importuner davantage.

Cœlio. — Tu l'as vue tout à l'heure; que t'avait-elle dit?

Octave. — Rien qui pût me faire pressentir cette douce nouvelle; rien d'agréable cependant. Tiens, Cœlio, renonce à cette femme. Holà! un second verre!

Cœlio. — Pour qui?

Octave. — Pour toi. Marianne est une bégueule*; je ne sais trop ce qu'elle m'a dit ce matin, je suis resté comme une brute sans pouvoir lui répondre. Allons! n'y pense plus, voilà qui est convenu et que le ciel m'écrase si je lui adresse jamais la parole! Du courage, Cœlio, n'y pense plus.

Cœlio. — Adieu, mon cher ami.

Octave. — Où vas-tu?

Cœlio. — J'ai affaire en ville ce soir.

Octave. — Tu as l'air d'aller te noyer. Voyons, Cœlio, à quoi penses-tu ? Il y a d'autres Marianne sous le ciel. Soupons ensemble, et moquons-nous de cette Marianne-là.

Cœlio. — Adieu, adieu, je ne puis m'arrêter plus longtemps. Je te verrai demain, mon ami. *(Il sort.)*

Octave. — Cœlio ! Écoute donc ! nous te trouverons une Marianne bien gentille, douce comme un agneau et n'allant point à vêpres surtout ! Ah ! les maudites cloches ! quand auront-elles fini de me mener en terre ?

Le garçon, *rentrant.* — Monsieur, la demoiselle rousse n'est point à sa fenêtre ; elle ne peut se rendre à votre invitation.

Octave. — La peste soit de tout l'univers ! Est-il donc décidé que je souperai seul aujourd'hui ? La nuit arrive en poste ; que diable vais-je devenir ? bon ! bon ! ceci me convient. *(Il boit.)* Je suis capable d'ensevelir ma tristesse dans ce vin, ou du moins ce vin dans ma tristesse. Ah ! ah ! les vêpres sont finies ; voici Marianne qui revient. *(Entre Marianne.)*

Marianne. — Encore ici, seigneur Octave ? et déjà à table ? C'est un peu triste de s'enivrer tout seul.

Octave. — Le monde entier m'abandonne ; je tâche d'y voir double, afin de me servir à moi-même de compagnie.

Marianne. — Comment ! pas un de vos amis, pas une de vos maîtresses qui vous soulage de ce fardeau terrible, la solitude ?

Octave. — Faut-il vous dire ma pensée ? J'avais envoyé chercher une certaine Rosalinde, qui me sert de maîtresse ; elle soupe en ville comme une personne de qualité.

Marianne. — C'est une fâcheuse affaire sans doute, et votre cœur en doit ressentir un vide effroyable.

OCTAVE. — Un vide que je ne saurais exprimer, et que je communique en vain à cette large coupe. Le carillon des vêpres m'a fendu le crâne pour toute l'après-dînée.

MARIANNE. — Dites-moi, cousin, est-ce du vin à quinze sous la bouteille que vous buvez ?

OCTAVE. — N'en riez pas ; ce sont les larmes du Christ en personne.

MARIANNE. — Cela m'étonne que vous ne buviez pas du vin à quinze sous ; buvez-en, je vous en supplie.

OCTAVE. — Pourquoi en boirais-je, s'il vous plaît ?

MARIANNE. — Goûtez-en ; je suis sûre qu'il n'y a aucune différence avec celui-là.

OCTAVE. — Il y en a une aussi grande qu'entre le soleil et une lanterne.

MARIANNE. — Non, vous dis-je, c'est la même chose.

OCTAVE. — Dieu m'en préserve ! Vous moquez-vous de moi ?

MARIANNE. — Vous trouvez qu'il y a une grande différence ?

OCTAVE. — Assurément.

MARIANNE. — Je croyais qu'il en était du vin comme des femmes. Une femme n'est-elle pas aussi un vase précieux, scellé comme ce flacon de cristal ? Ne renferme-t-elle pas une ivresse grossière ou divine, selon sa force et sa valeur ? Et n'y a-t-il pas parmi elles le vin du peuple et les larmes du Christ ? Quel misérable cœur est-ce donc que le vôtre, pour que vos lèvres lui fassent la leçon ? Vous ne boiriez pas le vin que boit le peuple, vous aimez les femmes qu'il aime ; l'esprit généreux et poétique de ce flacon doré, ces sucs merveilleux que la lave du Vésuve a cuvés sous son ardent soleil, vous conduiront chancelant et sans force dans les bras d'une fille de joie ; vous rougiriez de boire un vin grossier ; votre gorge se soulèverait. Ah ! vos lèvres sont délicates, mais votre cœur s'enivre à bon marché. Bonsoir, cousin ; puisse Rosalinde rentrer ce soir chez elle !

OCTAVE. — Deux mots, de grâce, belle Marianne, et ma réponse sera courte. Combien de temps pensez-vous qu'il faille faire la cour à la bouteille que vous voyez pour obtenir ses faveurs ? Elle est, comme vous dites, toute pleine d'un esprit céleste et le vin du peuple lui ressemble aussi peu qu'un paysan ressemble à son seigneur. Cependant, regardez comme elle se laisse faire ! — Elle n'a reçu, j'imagine, aucune éducation, elle n'a aucun principe ; vous voyez comme elle est bonne fille ! Un mot a suffi pour la faire sortir du couvent ; toute poudreuse encore, elle s'en est échappée pour me donner un quart d'heure d'oubli, et mourir. Sa couronne virginale, empourprée* de cire odorante, est aussitôt tombée en poussière, et, je ne puis vous le cacher, elle a failli passer tout entière sur mes lèvres dans la chaleur de son premier baiser.

MARIANNE. — Êtes-vous sûr qu'elle en vaut davantage ? Et si vous êtes un de ses vrais amants, n'iriez-vous pas, si la recette en était perdue, en chercher la dernière goutte jusque dans la bouche du volcan ?

OCTAVE. — Elle n'en vaut ni plus ni moins. Elle sait qu'elle est bonne à boire et qu'elle est faite pour être bue. Dieu n'en a pas caché la source au sommet d'un pic inabordable, au fond d'une caverne profonde ; il l'a suspendue en grappes dorées au bord de nos chemins ; elle y fait le métier des courtisanes ; elle y effleure la main du passant ; elle y étale aux rayons du soleil sa gorge rebondie, et toute une cour d'abeilles et de frelons murmure autour d'elle matin et soir. Le voyageur dévoré de soif peut se coucher sous ses rameaux verts ; jamais elle ne l'a laissé languir*, jamais elle ne lui a refusé les douces larmes dont son cœur est plein. Ah ! Marianne, c'est un don fatal que la beauté ! — La sagesse dont elle se vante est sœur de l'avarice, et il y a plus de miséricorde* dans le ciel pour ses faiblesses que pour sa cruauté. Bonsoir, cousine ; puisse Cœlio vous oublier ! *(Il entre dans l'auberge, Marianne dans sa maison.)*

Scène II

Une autre rue.

Cœlio, Ciuta.

Ciuta. — Seigneur Cœlio, défiez-vous d'Octave. Ne vous a-t-il pas dit que la belle Marianne lui avait fermé sa porte ?

Cœlio. — Assurément. — Pourquoi m'en défierais-je ?

Ciuta. — Tout à l'heure, en passant dans sa rue, je l'ai vu en conversation avec elle sous une tonnelle couverte.

Cœlio. — Qu'y a-t-il d'étonnant à cela ? Il aura épié ses démarches et saisi un moment favorable pour lui parler de moi.

Ciuta. — J'entends qu'ils se parlaient amicalement et comme des gens qui sont de bon accord ensemble.

Cœlio. — En es-tu sûre, Ciuta ? Alors je suis le plus heureux des hommes ; il aura plaidé ma cause avec chaleur.

Ciuta. — Puisse le ciel vous favoriser ! *(Elle sort.)*

Cœlio. — Ah ! que je fusse né dans le temps des tournois et des batailles ! Qu'il m'eût été permis de porter les couleurs de Marianne et de les teindre de mon sang ! Qu'on m'eût donné un rival à combattre, une armée entière à défier ! Que le sacrifice de ma vie eût pu lui être utile ! Je sais agir, mais je ne puis parler. Ma langue ne sert point mon cœur, et je mourrai sans m'être fait comprendre, comme un muet dans une prison. *(Il sort.)*

Scène III

Chez Claudio.

Claudio, Marianne.

Claudio. — Pensez-vous que je sois un mannequin et que je me promène sur la terre pour servir d'épouvantail aux oiseaux ?

Marianne. — D'où vous vient cette gracieuse idée ?

Claudio. — Pensez-vous qu'un juge criminel ignore la valeur des mots, et qu'on puisse se jouer de sa crédulité comme de celle d'un danseur ambulant ?

Marianne. — À qui en avez-vous ce soir ?

Claudio. — Pensez-vous que je n'ai pas entendu vos propres paroles : si cet homme ou son ami se présente à ma porte, qu'on la lui fasse fermer ; et croyez-vous que je trouve convenable de vous voir converser librement avec lui sous une tonnelle, lorsque le soleil est couché ?

MARIANNE. — Vous m'avez vue sous une tonnelle ?

CLAUDIO. — Oui, oui, de ces yeux que voilà, sous la tonnelle d'un cabaret : la tonnelle d'un cabaret n'est point un lieu de conversation pour la femme d'un magistrat, et il est inutile de faire fermer sa porte quand on se renvoie le dé en plein air avec si peu de retenue.

MARIANNE. — Depuis quand m'est-il défendu de causer avec un de vos parents ?

CLAUDIO. — Quand un de mes parents est un de vos amants, il est fort bien fait de s'en abstenir.

MARIANNE. — Octave ! un de mes amants ? Perdez-vous la tête ? Il n'a de sa vie fait la cour à personne.

CLAUDIO. — Son caractère est vicieux. — C'est un coureur de tabagies.

MARIANNE. — Raison de plus pour qu'il ne soit pas, comme vous dites fort agréablement, *un de mes amants*. Il me plaît de parler à Octave sous la tonnelle d'un cabaret.

CLAUDIO. — Ne me poussez pas à quelque fâcheuse extrémité par vos extravagances*, et réfléchissez à ce que vous faites.

MARIANNE. — À quelle extrémité voulez-vous que je vous pousse ? Je suis curieuse de savoir ce que vous feriez.

CLAUDIO. — Je vous défendrais de le voir et d'échanger avec lui aucune parole, soit dans la maison, soit dans une maison tierce, soit en plein air.

MARIANNE. — Ah ! ah ! vraiment, voilà qui est nouveau ! Octave est mon parent tout autant que le vôtre ; je prétends lui parler quand bon me semblera, en plein air ou ailleurs, et dans cette maison, s'il lui plaît d'y venir.

CLAUDIO. — Souvenez-vous de cette dernière phrase que vous venez de prononcer. Je vous ménage un châtiment exemplaire, si vous allez contre ma volonté.

MARIANNE. — Trouvez bon que j'aille d'après la mienne, et ménagez-moi ce qui vous plaît. Je m'en soucie comme de cela.

CLAUDIO. — Marianne, brisons cet entretien. Ou vous sentirez l'inconvenance* de s'arrêter sous une tonnelle, ou vous me réduirez à une violence qui répugne à mon habit. *(Il sort.)*

MARIANNE, *seule.* — Holà ! quelqu'un. *(Un domestique entre.)* Voyez-vous là-bas, dans cette rue, ce jeune homme assis devant une table, sous cette tonnelle ? Allez lui dire que j'ai à lui parler, et qu'il prenne la peine d'entrer dans ce jardin. *(Le domestique sort.)* Voilà qui est nouveau ! Pour qui me prend-on ? Quel mal y a-t-il donc ? Comment suis-je donc faite aujourd'hui ? Voilà une robe affreuse. Qu'est-ce que cela signifie ? — Vous me réduirez à la violence ! Quelle violence ? Je voudrais que ma mère fût là. Ah bah ! elle est de son avis dès qu'il dit un mot. J'ai une envie de battre quelqu'un ! *(Elle renverse les chaises.)* Je suis bien sotte en vérité ! Voilà Octave qui vient. — Je voudrais qu'il le rencontrât. — Ah ! c'est donc là le commencement ! On me l'avait prédit. — Je le savais. — Je m'y attendais ! Patience ! patience ! Il me ménage un châtiment ! et lequel, par hasard ? Je voudrais bien savoir ce qu'il veut dire ! *(Entre Octave.)* Asseyez-vous, Octave, j'ai à vous parler.

OCTAVE. — Où voulez-vous que je m'assoie ? Toutes les chaises sont les quatre fers en l'air. — Que vient-il donc de se passer ici ?

MARIANNE. — Rien du tout.

OCTAVE. — En vérité, cousine, vos yeux disent le contraire.

MARIANNE. — J'ai réfléchi à ce que vous m'avez dit sur le compte de votre ami Cœlio. Dites-moi, pourquoi ne s'explique-t-il pas lui-même ?

OCTAVE. — Par une raison assez simple : il vous a écrit, et vous avez déchiré ses lettres ; il vous a envoyé quelqu'un, et vous lui avez fermé la bouche ; il vous a donné des concerts, vous l'avez laissé dans la rue. Ma foi, il s'est donné au diable, et on s'y donnerait à moins.

MARIANNE. — Cela veut dire qu'il a songé à vous ?

OCTAVE. — Oui.

MARIANNE. — Eh bien ! parlez-moi de lui.

OCTAVE. — Sérieusement ?

MARIANNE. — Oui, oui, sérieusement. Me voilà. J'écoute.

OCTAVE. — Vous voulez rire ?

MARIANNE. — Quel pitoyable avocat êtes-vous donc ? Parlez, que je veuille rire ou non.

OCTAVE. — Que regardez-vous à droite et à gauche ? En vérité, vous êtes en colère.

MARIANNE. — Je veux prendre un amant, Octave… sinon un amant, du moins un cavalier. Que me conseillez-vous ? Je m'en rapporte à votre choix : — Cœlio ou tout autre, peu m'importe ; — dès demain, — dès ce soir, celui qui aura la fantaisie de chanter sous mes fenêtres trouvera ma porte entr'ouverte. Eh bien ! vous ne parlez pas ? Je vous dis que je prends un amant. Tenez, voilà mon écharpe en gage : qui vous voudrez la rapportera.

OCTAVE. — Marianne ! quelle que soit la raison qui a pu vous inspirer une minute de complaisance, puisque vous m'avez appelé, puisque vous consentez à m'entendre, au nom du ciel, restez la même une minute encore, permettez-moi de vous parler. *(Il se jette à genoux.)*

MARIANNE. — Que voulez-vous me dire ?

OCTAVE. — Si jamais homme au monde a été digne de vous comprendre, digne de vivre et de mourir pour vous, cet homme est Cœlio. Je n'ai jamais valu grand'chose, et je me rends cette justice que la passion dont je fais l'éloge trouve un misérable interprète. Ah ! si vous saviez sur quel autel sacré vous êtes adorée comme un dieu ! Vous, si belle, si jeune, si pure encore, livrée à un vieillard qui n'a plus de sens et qui n'a jamais eu de cœur ! Si vous saviez quel trésor de bonheur, quelle mine féconde repose en vous ! en lui ! dans cette fraîche aurore de jeunesse, dans cette rosée céleste de la vie, dans ce premier accord de deux âmes jumelles ! Je ne vous parle pas de sa souffrance, de cette douce et triste mélancolie qui ne s'est jamais lassée de vos rigueurs, et qui en mourrait sans se plaindre. Oui, Marianne, il en mourra. Que puis-je vous dire ? Qu'inventerais-je pour donner à mes paroles la force qui leur manque ? Je ne sais pas le langage de l'amour. Regardez dans votre âme ; c'est elle qui peut vous parler de la sienne. Y a-t-il un pouvoir capable de vous toucher ? Vous qui savez supplier Dieu, existe-t-il une prière qui puisse rendre ce dont mon cœur est plein ?

MARIANNE. — Relevez-vous, Octave. En vérité, si quelqu'un entrait ici, ne croirait-on pas, à vous entendre, que c'est pour vous que vous plaidez ?

OCTAVE. — Marianne ! Marianne ! au nom du ciel, ne souriez pas ! ne fermez pas votre cœur au premier éclair qui l'ait peut-être traversé ! Ce caprice de bonté, ce moment précieux va s'évanouir. — Vous avez prononcé le nom de Cœlio, vous avez pensé à lui, dites-vous. Ah! si c'est une fantaisie, ne me la gâtez pas. — Le bonheur d'un homme en dépend.

MARIANNE. — Êtes-vous sûr qu'il ne me soit pas permis de sourire?

OCTAVE. — Oui, vous avez raison, je sais tout le tort que mon amitié peut faire. Je sais qui je suis, je le sens; un pareil langage dans ma bouche a l'air d'une raillerie. Vous doutez de la sincérité de mes paroles; jamais peut-être je n'ai senti avec plus d'amertume qu'en ce moment le peu de confiance que je puis inspirer.

MARIANNE. — Pourquoi cela? Vous voyez que j'écoute. Cœlio me déplaît; je ne veux pas de lui. Parlez-moi de quelque autre, de qui vous voudrez. Choisissez-moi dans vos amis un cavalier digne de moi; envoyez-le-moi, Octave. Vous voyez que je m'en rapporte à vous.

OCTAVE. — Ô femme trois fois femme! Cœlio vous déplaît, — mais le premier venu vous plaira. L'homme qui vous aime depuis un mois, qui s'attache à vos pas, qui mourrait de bon cœur sur un mot de votre bouche, celui-là vous déplaît! Il est jeune, beau, riche et digne en tout point de vous; mais il vous déplaît! et le premier venu vous plaira!

MARIANNE. — Faites ce que je vous dis, ou ne me revoyez pas. *(Elle sort.)*

OCTAVE, *seul.* — Ton écharpe est bien jolie, Marianne, et ton petit caprice de colère est un charmant traité de paix. — Il ne me faudrait pas beaucoup d'orgueil pour le comprendre: un peu de perfidie* suffirait. Ce sera pourtant Cœlio qui en profitera. *(Il sort.)*

Scène IV

Chez Cœlio.

Cœlio, un domestique.

Cœlio. — Il est en bas, dites-vous ? Qu'il monte. Pourquoi ne le faites-vous pas monter sur-le-champ ? *(Entre Octave.)* Eh bien ! mon ami, quelle nouvelle ?

Octave. — Attache ce chiffon à ton bras droit, Cœlio ; prends ta guitare et ton épée. — Tu es l'amant de Marianne.

Cœlio. — Au nom du ciel, ne te ris pas de moi !

Octave. — La nuit est belle ; — la lune va paraître à l'horizon. Marianne est seule, et sa porte est entr'ouverte. Tu es un heureux garçon, Cœlio.

Cœlio. — Est-ce vrai ? — est-ce vrai ? Ou tu es ma vie, Octave, ou tu es sans pitié.

Octave. — Tu n'es pas encore parti ? Je te dis que tout est convenu. Une chanson sous sa fenêtre ; cache-toi un peu le nez dans ton manteau, afin que les espions du mari ne te reconnaissent pas. Sois sans crainte, afin qu'on te craigne ; et si elle résiste, prouve-lui qu'il est un peu tard.

Cœlio. — Ah ! mon Dieu, le cœur me manque.

Octave. — Et à moi aussi, car je n'ai dîné qu'à moitié. — Pour récompense de mes peines, dis en sortant qu'on me monte à souper. *(Il s'assoit.)* As-tu du tabac turc ? Tu me trouveras probablement ici demain matin. Allons, mon ami, en route ! tu m'embrasseras en revenant. En route, en route ! la nuit s'avance. *(Cœlio sort.)*

OCTAVE, *seul.* — Écris sur tes tablettes, Dieu juste, que cette nuit doit m'être comptée dans ton paradis. Est-ce bien vrai que tu as un paradis ? En vérité, cette femme était belle, et sa petite colère lui allait bien. D'où venait-elle ? C'est ce que j'ignore. Qu'importe comment la bille d'ivoire tombe sur le numéro que nous avons appelé. Souffler une maîtresse à son ami, c'est une rouerie* trop commune pour moi. Marianne ou toute autre, qu'est-ce que cela me fait ? La véritable affaire est de souper ; il est clair que Cœlio est à jeun. Comme tu m'aurais détesté, Marianne, si je t'avais aimée ! comme tu m'aurais fermé ta porte ! comme ton bélître* de mari t'aurait paru un Adonis*, un Sylvain, en comparaison de moi ! Où est donc la raison de tout cela ? pourquoi la fumée de cette pipe va-t-elle à droite plutôt qu'à gauche ? Voilà la raison de tout. — Fou ! trois fois fou à lier, celui qui calcule ses chances, qui met la raison de son côté ! La justice céleste tient une balance dans ses mains. La balance est parfaitement juste, mais tous les poids sont creux. Dans l'un il y a une pistole, dans l'autre un soupir amoureux, dans celui-là une migraine, dans celui-ci il y a le temps qu'il fait, et toutes les actions humaines s'en vont de haut en bas, selon ces poids capricieux.

UN DOMESTIQUE, *entrant.* — Monsieur, voilà une lettre à votre adresse ; elle est si pressée que vos gens l'ont apportée ici ; on a recommandé de vous la remettre, en quelque lieu que vous fussiez ce soir.

OCTAVE. — Voyons un peu cela. *(Il lit.)* « Ne venez pas ce soir. Mon mari a entouré la maison d'assassins, et vous êtes perdu s'ils vous trouvent. »

« MARIANNE. »

Malheureux que je suis ! qu'ai-je fait ? Mon manteau ! mon chapeau ! Dieu veuille qu'il soit encore temps ! Suivez-moi, vous et tous les domestiques qui sont debout à cette heure. Il s'agit de la vie de votre maître. *(Il sort en courant.)*

SCÈNE V

Le jardin de Claudio. — Il est nuit.

CLAUDIO, DEUX SPADASSINS, TIBIA.

CLAUDIO. — Laissez-le entrer, et jetez-vous sur lui dès qu'il sera parvenu à ce bosquet.

TIBIA. — Et s'il entre par l'autre côté ?

CLAUDIO. — Alors, attendez-le au coin du mur.

UN SPADASSIN. — Oui, monsieur.

TIBIA. — Le voilà qui arrive. Tenez, Monsieur, voyez comme son ombre est grande ! c'est un homme d'une belle stature.

CLAUDIO. — Retirons-nous à l'écart, et frappons quand il en sera temps. *(Entre Cœlio.)*

CŒLIO, *frappant à la jalousie.* — Marianne ! Marianne ! êtes-vous là ?

MARIANNE, *paraissant à la fenêtre.* — Fuyez, Octave ; vous n'avez donc pas reçu ma lettre ?

CŒLIO. — Seigneur mon Dieu ! Quel nom ai-je entendu ?

MARIANNE. — La maison est entourée d'assassins : mon mari vous a vu entrer ce soir ; il a écouté notre conversation, et votre mort est certaine, si vous restez une minute encore.

CŒLIO. — Est-ce un rêve ? suis-je Cœlio ?

MARIANNE. — Octave, Octave ! au nom du ciel, ne vous arrêtez pas ! Puisse-t-il être encore temps de vous échapper ! Demain trouvez-vous à midi dans un confessionnal de l'église, j'y serai. *(La jalousie se referme.)*

CŒLIO. — Ô mort ! puisque tu es là, viens donc à mon secours. Octave, traître Octave ! puisse mon sang retomber sur toi ! Puisque tu savais quel sort m'attendait ici, et que tu m'y as envoyé à ta place, tu seras satisfait dans ton désir. Ô mort ! je t'ouvre les bras ; voici le terme de mes maux. *(Il sort. On entend des cris étouffés et un bruit éloigné dans le jardin.)*

OCTAVE, *en dehors.* — Ouvrez, ou j'enfonce les portes !

CLAUDIO, *ouvrant, son épée sous le bras.* — Que voulez-vous ?

OCTAVE. — Où est Cœlio ?

CLAUDIO. — Je ne pense pas que son habitude soit de coucher dans cette maison.

OCTAVE. — Si tu l'as assassiné, Claudio, prends garde à toi ; je te tordrai le cou de ces mains que voilà.

CLAUDIO. — Êtes-vous fou ou somnambule ?

OCTAVE. — Ne l'es-tu pas toi-même, pour te promener à cette heure, ton épée sous le bras ?

CLAUDIO. — Cherchez dans ce jardin, si bon vous semble ; je n'y ai vu entrer personne ; et si quelqu'un l'a voulu faire, il me semble que j'avais le droit de ne pas lui ouvrir.

OCTAVE, *à ses gens.* — Venez et cherchez partout !

CLAUDIO, *bas à Tibia.* — Tout est-il fini comme je l'ai ordonné ?

TIBIA. — Oui, Monsieur ; soyez en repos, ils peuvent chercher tant qu'ils voudront. *(Tous sortent.)*

Scène VI

Un cimetière.

Octave et Marianne, *auprès d'un tombeau.*

Octave. — Moi seul au monde je l'ai connu. Cette urne d'albâtre*, couverte de ce long voile de deuil, est sa parfaite image. C'est ainsi qu'une douce mélancolie voilait les perfections de cette âme tendre et délicate. Pour moi seul, cette vie silencieuse n'a point été un mystère. Les longues soirées que nous avons passées ensemble sont comme de fraîches oasis dans un désert aride ; elles ont versé sur mon cœur les seules gouttes de rosée qui y soient jamais tombées. Cœlio était la bonne partie de moi-même ; elle est remontée au ciel avec lui. C'était un homme d'un autre temps ; il connaissait les plaisirs et leur préférait la solitude ; il savait combien les illusions sont trompeuses, et il préférait ses illusions à la réalité. Elle eût été heureuse la femme qui l'eût aimé.

Marianne. — Ne serait-elle point heureuse, Octave, la femme qui t'aimerait ?

Octave. — Je ne sais point aimer ; Cœlio seul le savait. La cendre que renferme cette tombe est tout ce que j'ai aimé sur la terre, tout ce que j'aimerai. Lui seul savait verser dans une autre âme toutes les sources de bonheur qui reposaient dans la sienne. Lui seul était capable d'un dévouement sans bornes ; lui seul eût consacré sa vie entière à la femme qu'il aimait, aussi facilement qu'il aurait bravé la mort pour elle. Je ne suis qu'un débauché* sans cœur ; je n'estime point les femmes :

l'amour que j'inspire est comme celui que je ressens, l'ivresse passagère d'un songe. Je ne sais pas les secrets qu'il savait. Ma gaieté est comme le masque d'un histrion* ; mon cœur est plus vieux qu'elle, mes sens blasés* n'en veulent plus. Je ne suis qu'un lâche ; sa mort n'est point vengée.

MARIANNE. — Comment aurait-elle pu l'être, à moins de risquer votre vie ? Claudio est trop vieux pour accepter un duel, et trop puissant dans cette ville pour rien craindre de vous.

OCTAVE. — Cœlio m'aurait vengé si j'étais mort pour lui comme il est mort pour moi. Ce tombeau m'appartient ; c'est moi qu'ils ont étendu sous cette froide pierre ; c'est pour moi qu'ils avaient aiguisé leurs épées ; c'est moi qu'ils ont tué. Adieu la gaieté de ma jeunesse, l'insouciante folie, la vie libre et joyeuse au pied du Vésuve ! Adieu les bruyants repas, les causeries du soir, les sérénades sous les balcons dorés ! Adieu Naples et ses femmes, les mascarades à la lueur des torches, les longs soupers à l'ombre des forêts ! Adieu l'amour et l'amitié ! ma place est vide sur la terre.

MARIANNE. — Mais non pas dans mon cœur, Octave. Pourquoi dis-tu : Adieu l'amour ?

OCTAVE. — Je ne vous aime pas, Marianne ; c'était Cœlio qui vous aimait !

ON NE BADINE PAS AVEC L'AMOUR

Comédie en trois actes

Publiée en 1834, représentée
pour la première fois à Paris, le 18 novembre 1861,
à la Comédie-Française.

PERSONNAGES

LE BARON.
PERDICAN, son fils.
MAÎTRE BLAZIUS, gouverneur de Perdican.
MAÎTRE BRIDAINE, curé.
CAMILLE, nièce du baron.
DAME PLUCHE, sa gouvernante.
ROSETTE, sœur de lait de Camille.
PAYSANS, VALETS.

ACTE PREMIER

Scène première

Une place devant le château.

Maître Blazius, Dame Pluche, Le Chœur.

Le Chœur. — Doucement bercé sur sa mule fringante, messer Blazius s'avance dans les bluets fleuris, vêtu de neuf, l'écritoire au côté. Comme un poupon sur l'oreiller, il se ballotte sur son ventre rebondi, et, les yeux à demi fermés, il marmotte* un *Pater noster* dans son triple menton. Salut, maître Blazius ; vous arrivez au temps de la vendange, pareil à une amphore antique.

Maître Blazius. — Que ceux qui veulent apprendre une nouvelle d'importance m'apportent ici premièrement un verre de vin frais.

Le Chœur. — Voilà notre plus belle écuelle : buvez, maître Blazius ; le vin est bon ; vous parlerez après.

Maître Blazius. — Vous saurez, mes enfants, que le jeune Perdican, fils de notre seigneur, vient d'atteindre à sa majorité, et qu'il est reçu docteur à Paris. Il revient aujourd'hui même au château, la bouche toute pleine de façons de parler si belles et si fleuries qu'on ne sait que lui répondre les trois quarts du temps. Toute sa gracieuse personne est un livre d'or; il ne voit pas un brin d'herbe à terre qu'il ne vous dise comment cela s'appelle en latin; et quand il fait du vent ou qu'il pleut, il vous dit tout clairement pourquoi. Vous ouvrirez des yeux grands comme la porte que voilà de le voir dérouler un des parchemins qu'il a coloriés d'encres de toutes couleurs de ses propres mains et sans en rien dire à personne. Enfin c'est un diamant fin des pieds à la tête, et voilà ce que je viens annoncer à M. le baron. Vous sentez que cela me fait quelque honneur, à moi, qui suis son gouverneur depuis l'âge de quatre ans; ainsi donc, mes bons amis, apportez une chaise, que je descende un peu de cette mule-ci sans me casser le cou; la bête est tant soit peu rétive, et je ne serais pas fâché de boire encore une gorgée avant d'entrer.

LE CHŒUR. — Buvez, maître Blazius, et reprenez vos esprits. Nous avons vu naître le petit Perdican, et il n'était pas besoin, du moment qu'il arrive, de nous en dire si long. Puissions-nous retrouver l'enfant dans le cœur de l'homme!

MAÎTRE BLAZIUS. — Ma foi, l'écuelle est vide; je ne croyais pas avoir tout bu. Adieu; j'ai préparé, en trottant sur la route, deux ou trois phrases sans prétention qui plairont à monseigneur; je vais tirer la cloche. *(Il sort.)*

LE CHŒUR. — Durement cahotée sur son âne essoufflé, dame Pluche gravit la colline; son écuyer transi gourdine à tour de bras le pauvre animal, qui hoche la tête un chardon entre les dents. Ses longues jambes maigres trépignent de colère, tandis que de ses mains osseuses elle égratigne son chapelet. Bonjour donc, dame Pluche; vous arrivez comme la fièvre, avec le vent qui fait jaunir les bois.

DAME PLUCHE. — Un verre d'eau, canaille que vous êtes ! un verre d'eau et un peu de vinaigre !

LE CHŒUR. — D'où venez-vous, Pluche, ma mie ? Vos faux cheveux sont couverts de poussière, voilà un toupet de gâté, et votre chaste robe est retroussée jusqu'à vos vénérables jarretières.

DAME PLUCHE. — Sachez, manants, que la belle Camille, la nièce de votre maître, arrive aujourd'hui au château. Elle a quitté le couvent sur l'ordre exprès de monseigneur, pour venir en son temps et lieu recueillir, comme faire se doit, le bon bien qu'elle a de sa mère. Son éducation, Dieu merci, est terminée, et ceux qui la verront auront la joie de respirer une glorieuse fleur de sagesse et de dévotion. Jamais il n'y a rien eu de si pur, de si ange, de si agneau et de si colombe que cette chère nonnain ; que le seigneur Dieu du ciel la conduise ! Ainsi soit-il ! Rangez-vous, canaille ; il me semble que j'ai les jambes enflées.

LE CHŒUR. — Défripez-vous, honnête Pluche ; et quand vous prierez Dieu, demandez de la pluie ; nos blés sont secs comme vos tibias.

DAME PLUCHE. — Vous m'avez apporté de l'eau dans une écuelle qui sent la cuisine ; donnez-moi la main pour descendre, vous êtes des butors et des malappris. *(Elle sort.)*

LE CHŒUR. — Mettons nos habits du dimanche, et attendons que le baron nous fasse appeler. Ou je me trompe fort, ou quelque joyeuse bombance est dans l'air aujourd'hui. *(Ils sortent.)*

Scène II

Le salon du baron.

Entrent Le Baron, Maître Bridaine et Maître Blazius.

Le Baron. — Maître Bridaine, vous êtes mon ami ; je vous présente maître Blazius, gouverneur de mon fils. Mon fils a eu hier matin, à midi huit minutes, vingt et un ans comptés ; il est docteur à quatre boules blanches. Maître Blazius, je vous présente maître Bridaine, curé de la paroisse ; c'est mon ami.

Maître Blazius, *saluant.* — À quatre boules blanches, seigneur : littérature, philosophie, droit romain, droit canon.

Le Baron. — Allez à votre chambre, cher Blazius, mon fils ne va pas tarder à paraître ; faites un peu de toilette, et revenez au coup de la cloche. *(Maître Blazius sort.)*

Maître Bridaine. — Vous dirai-je ma pensée, monseigneur ? Le gouverneur de votre fils sent le vin à pleine bouche.

Le Baron. — Cela est impossible.

Maître Bridaine. — J'en suis sûr comme de ma vie ; il m'a parlé de fort près tout à l'heure ; il sent le vin à faire peur.

Le Baron. — Brisons là ; je vous répète que cela est impossible. *(Entre dame Pluche.)* Vous voilà, bonne dame Pluche ? Ma nièce est sans doute avec vous ?

Dame Pluche. — Elle me suit, monseigneur ; je l'ai devancée de quelques pas.

Le Baron. — Maître Bridaine, vous êtes mon ami. Je vous présente la dame Pluche, gouvernante de ma nièce. Ma nièce est depuis hier, à sept heures de nuit, parvenue à l'âge de dix-huit ans ; elle sort du meilleur couvent de France. Dame Pluche, je vous présente maître Bridaine, curé de la paroisse ; c'est mon ami.

DAME PLUCHE, *saluant.* — Du meilleur couvent de France, seigneur, et je puis ajouter : la meilleure chrétienne du couvent.

LE BARON. — Allez, dame Pluche, réparer le désordre où vous voilà, ma nièce va bientôt venir, j'espère ; soyez prête à l'heure du dîner. *(Dame Pluche sort.)*

MAÎTRE BRIDAINE. — Cette vieille demoiselle paraît tout à fait pleine d'onction.

LE BARON. — Pleine d'onction et de componction, maître Bridaine ; sa vertu est inattaquable.

MAÎTRE BRIDAINE. — Mais le gouverneur sent le vin, j'en ai la certitude.

LE BARON. — Maître Bridaine, il y a des moments où je doute de votre amitié. Prenez-vous à tâche de me contredire ? Pas un mot de plus là-dessus. J'ai formé le dessein de marier mon fils avec ma nièce ; c'est un couple assorti : leur éducation me coûte six mille écus.

MAÎTRE BRIDAINE. — Il sera nécessaire d'obtenir des dispenses.

LE BARON. — Je les ai, Bridaine ; elles sont sur ma table dans mon cabinet. Ô mon ami ! apprenez maintenant que je suis plein de joie. Vous savez que j'ai eu de tout temps la plus profonde horreur pour la solitude. Cependant la place que j'occupe et la gravité de mon habit me forcent à rester dans ce château pendant trois mois d'hiver et trois mois d'été. Il est impossible de faire le bonheur des hommes en général, et de ses vassaux en particulier, sans donner parfois à son valet de chambre l'ordre rigoureux de ne laisser entrer personne. Qu'il est austère et difficile le recueillement de l'homme d'État ! et quel plaisir ne trouverai-je pas à tempérer, par la présence de mes deux enfants réunis, la sombre tristesse à laquelle je dois nécessairement être en proie depuis que le roi m'a nommé receveur !

MAÎTRE BRIDAINE. — Ce mariage se fera-t-il ici ou à Paris ?

LE BARON. — Voilà où je vous attendais, Bridaine ; j'étais sûr de cette question. Eh bien ! mon ami, que diriez-vous si ces mains que voilà, oui, Bridaine, vos propres mains, — ne les regardez pas d'une manière aussi piteuse, — étaient destinées à bénir solennellement l'heureuse confirmation de mes rêves les plus chers ? Hé ?

MAÎTRE BRIDAINE. — Je me tais : la reconnaissance me ferme la bouche.

LE BARON. — Regardez par cette fenêtre ; ne voyez-vous pas que mes gens se portent en foule à la grille ? Mes deux enfants arrivent en même temps ; voilà la combinaison la plus heureuse. J'ai disposé les choses de manière à tout prévoir. Ma nièce sera introduite par cette porte à gauche, et mon fils par cette porte à droite. Qu'en dites-vous ? Je me fais une fête de voir comme ils s'aborderont, ce qu'ils se diront ; six mille écus ne sont pas une bagatelle, il ne faut pas s'y tromper. Ces enfants s'aimaient d'ailleurs fort tendrement dès le berceau. — Bridaine, il me vient une idée.

MAÎTRE BRIDAINE. — Laquelle ?

LE BARON. — Pendant le dîner, sans avoir l'air d'y toucher, — vous comprenez, mon ami, — tout en vidant quelques coupes joyeuses, vous savez le latin, Bridaine ?

MAÎTRE BRIDAINE. — *Ita adepol*, pardieu, si je le sais !

LE BARON. — Je serais bien aise de vous voir entreprendre ce garçon, — discrètement, s'entend, — devant sa cousine ; cela ne peut produire qu'un bon effet ; — faites-le parler un peu latin, — non pas précisément pendant le dîner, cela deviendrait fastidieux, et quant à moi, je n'y comprends rien : — mais au dessert, entendez-vous ?

MAÎTRE BRIDAINE. — Si vous n'y comprenez rien, monseigneur, il est probable que votre nièce est dans le même cas.

LE BARON. — Raison de plus ; ne voulez-vous pas qu'une femme admire ce qu'elle comprend ? D'où sortez-vous, Bridaine ? Voilà un raisonnement qui fait pitié.

MAÎTRE BRIDAINE. — Je connais peu les femmes ; mais il me semble qu'il est difficile qu'on admire ce qu'on ne comprend pas.

LE BARON. — Je les connais, Bridaine, je connais ces êtres charmants et indéfinissables. Soyez persuadé qu'elles aiment à avoir de la poudre dans les yeux, et que plus on leur en jette, plus elles les écarquillent, afin d'en gober davantage. *(Perdican entre d'un côté, Camille de l'autre.)* Bonjour, mes enfants ; bonjour, ma chère Camille, mon cher Perdican ! embrassez-moi, et embrassez-vous.

PERDICAN. — Bonjour, mon père, ma sœur bien-aimée ! Quel bonheur ! que je suis heureux !

CAMILLE. — Mon père et mon cousin, je vous salue.

PERDICAN. — Comme te voilà grande, Camille ! et belle comme le jour.

LE BARON. — Quand as-tu quitté Paris, Perdican ?

PERDICAN. — Mercredi, je crois, ou mardi. Comme te voilà métamorphosée en femme ! Je suis donc un homme, moi ? Il me semble que c'est hier que je t'ai vue pas plus haute que cela.

LE BARON. — Vous devez être fatigués ; la route est longue, et il fait chaud.

PERDICAN. — Oh ! mon Dieu, non. Regardez donc, mon père, comme Camille est jolie !

LE BARON. — Allons, Camille, embrasse ton cousin.

CAMILLE. — Excusez-moi.

LE BARON. — Un compliment vaut un baiser ; embrasse-la, Perdican.

PERDICAN. — Si ma cousine recule quand je lui tends la main, je vous dirai à mon tour : Excusez-moi ; l'amour peut voler un baiser, mais non pas l'amitié.

CAMILLE. — L'amitié ni l'amour ne doivent recevoir que ce qu'ils peuvent rendre.

LE BARON, *à maître Bridaine.* — Voilà un commencement de mauvais augure, hé ?

MAÎTRE BRIDAINE, *au baron.* — Trop de pudeur est sans doute un défaut ; mais le mariage lève bien des scrupules.

LE BARON, *à maître Bridaine.* — Je suis choqué, — blessé. — Cette réponse m'a déplu. — *Excusez-moi* ! Avez-vous vu qu'elle a fait mine de se signer ? — Venez ici que je vous parle. — Cela m'est pénible au dernier point. Ce moment, qui devait m'être si doux, est complètement gâté. — Je suis vexé, piqué. — Diable ! voilà qui est fort mauvais.

MAÎTRE BRIDAINE. — Dites-leur quelques mots ; les voilà qui se tournent le dos.

LE BARON. — Eh bien ! mes enfants, à quoi pensez-vous donc ? Que fais-tu là, Camille, devant cette tapisserie ?

CAMILLE, *regardant un tableau.* — Voilà un beau portrait, mon oncle ! N'est-ce pas une grand'tante à nous ?

LE BARON. — Oui, mon enfant, c'est ta bisaïeule, — ou du moins la sœur de ton bisaïeul, car la chère dame n'a jamais concouru, — pour sa part, je crois, autrement qu'en prières, — à l'accroissement de la famille. — C'était, ma foi, une sainte femme.

CAMILLE. — Oh ! oui, une sainte ! c'est ma grand'tante Isabelle. Comme ce costume religieux lui va bien !

LE BARON. — Et toi, Perdican, que fais-tu là devant ce pot de fleurs ?

PERDICAN. — Voilà une fleur charmante, mon père. C'est un héliotrope.

LE BARON. — Te moques-tu ? elle est grosse comme une mouche.

PERDICAN. — Cette petite fleur grosse comme une mouche a bien son prix.

MAÎTRE BRIDAINE. — Sans doute ! le docteur a raison. Demandez-lui à quel sexe, à quelle classe elle appartient, de quels éléments elle se forme, d'où lui viennent sa sève et sa couleur ; il vous ravira en extase en vous détaillant les phénomènes de ce brin d'herbe, depuis la racine jusqu'à la fleur.

PERDICAN. — Je n'en sais pas si long, mon révérend. Je trouve qu'elle sent bon, voilà tout.

SCÈNE III

Devant le château.

Entre LE CHŒUR. — Plusieurs choses me divertissent et excitent ma curiosité. Venez, mes amis, et asseyons-nous sous ce noyer. Deux formidables dîneurs sont en ce moment en présence au château, maître Bridaine et maître Blazius. N'avez-vous pas fait une remarque ? C'est que, lorsque deux hommes à peu près pareils, également gros, également sots, ayant les mêmes vices et les mêmes passions, viennent par hasard à se rencontrer, il faut nécessairement qu'ils s'adorent ou qu'ils s'exècrent. Par la raison que les contraires s'attirent, qu'un homme grand et desséché aimera un homme petit et rond, que les blonds recherchent les bruns, et réciproquement, je prévois une lutte secrète entre le gouverneur et le curé. Tous deux sont armés d'une égale impudence; tous deux ont pour ventre un tonneau; non seulement ils sont gloutons, mais ils sont gourmets; tous deux se disputeront à dîner, non seulement la quantité, mais la qualité. Si le poisson est petit, comment faire? et dans tous les cas une langue de carpe ne peut se partager, et une carpe ne peut avoir deux langues. *Item*, tous deux sont bavards; mais à la rigueur ils peuvent parler ensemble sans s'écouter ni l'un ni l'autre. Déjà maître Bridaine a voulu adresser au jeune Perdican plusieurs questions pédantes, et le gouverneur a froncé le sourcil. Il lui est désagréable qu'un autre que lui semble mettre son élève à l'épreuve. *Item*, ils sont aussi ignorants l'un que l'autre. *Item*, ils sont prêtres tous deux; l'un se targuera de sa cure, l'autre se rengorgera de sa charge de gouverneur. Maître Blazius confesse le fils, et maître Bridaine le père. Déjà je les vois accoudés sur la table, les joues enflammées, les yeux à fleur de tête, secouer pleins de haine leurs triples mentons. Ils se regardent de la tête aux pieds, ils préludent par de légères escarmouches; bientôt la guerre se déclare; les cuistreries de toute espèce se croisent et s'échangent, et, pour comble de malheur, entre les deux ivrognes s'agite dame Pluche, qui les repousse l'un et l'autre de ses coudes affilés.

Maintenant que voilà le dîner fini, on ouvre la grille du château. C'est la compagnie qui sort, retirons-nous à l'écart. *(Ils sortent. — Entrent le baron et dame Pluche.)*

LE BARON. — Vénérable Pluche, je suis peiné.

Dame Pluche. — Est-il possible, monseigneur ?

Le Baron. — Oui, Pluche, cela est possible. J'avais compté depuis longtemps, — j'avais même écrit, noté — sur mes tablettes de poche, — que ce jour devait être le plus agréable de mes jours, — oui, bonne dame, le plus agréable. — Vous n'ignorez pas que mon dessein était de marier mon fils avec ma nièce ; — cela était résolu, — convenu — j'en avais parlé à Bridaine, — et je vois, je crois voir, que ces enfants se parlent froidement ; ils ne se sont pas dit un mot.

Dame Pluche. — Les voilà qui viennent, monseigneur. Sont-ils prévenus de vos projets ?

Le Baron. — Je leur en ai touché quelques mots en particulier. Je crois qu'il serait bon, puisque les voilà réunis, de nous asseoir sous cet ombrage propice et de les laisser ensemble un instant. *(Il se retire avec dame Pluche. — Entrent Camille et Perdican.)*

Perdican. — Sais-tu que cela n'a rien de beau, Camille, de m'avoir refusé un baiser ?

Camille. — Je suis comme cela ; c'est ma manière.

Perdican. — Veux-tu mon bras pour faire un tour dans le village ?

Camille. — Non, je suis lasse.

Perdican. — Cela ne te ferait pas plaisir de revoir la prairie ? Te souviens-tu de nos parties sur le bateau ? Viens, nous descendrons jusqu'aux moulins ; je tiendrai les rames, et toi le gouvernail.

Camille. — Je n'en ai nulle envie.

Perdican. — Tu me fends l'âme. Quoi ! Pas un souvenir, Camille ? pas un battement de cœur pour notre enfance, pour tout ce pauvre temps passé, si bon, si doux, si plein de niaiseries délicieuses ? Tu ne veux pas venir voir le sentier par où nous allions à la ferme ?

CAMILLE. — Non, pas ce soir.

PERDICAN. — Pas ce soir ! et quand donc ? Toute notre vie est là.

CAMILLE. — Je ne suis pas assez jeune pour m'amuser de mes poupées, ni assez vieille pour aimer le passé.

PERDICAN. — Comment dis-tu cela ?

CAMILLE. — Je dis que les souvenirs d'enfance ne sont pas de mon goût.

PERDICAN. — Cela t'ennuie ?

CAMILLE. — Oui, cela m'ennuie.

PERDICAN. — Pauvre enfant ! Je te plains sincèrement. *(Ils sortent chacun de leur côté.)*

LE BARON, *rentrant avec dame Pluche.* — Vous le voyez, et vous l'entendez, excellente Pluche ; je m'attendais à la plus suave harmonie, et il me semble assister à un concert où le violon joue *Mon cœur soupire*, pendant que la flûte joue *Vive Henri IV.* Songez à la discordance affreuse qu'une pareille combinaison produirait. Voilà pourtant ce qui se passe dans mon cœur.

DAME PLUCHE. — Je l'avoue ; il m'est impossible de blâmer Camille, et rien n'est de plus mauvais ton, à mon sens, que les parties de bateau.

LE BARON. — Parlez-vous sérieusement ?

DAME PLUCHE. — Seigneur, une jeune fille qui se respecte ne se hasarde pas sur les pièces d'eau.

LE BARON. — Mais observez donc, dame Pluche, que son cousin doit l'épouser, et que dès lors...

DAME PLUCHE. — Les convenances défendent de tenir un gouvernail, et il est malséant de quitter la terre ferme seule avec un jeune homme.

LE BARON. — Mais je répète... je vous dis...

DAME PLUCHE. — C'est là mon opinion.

LE BARON. — Êtes-vous folle ? En vérité, vous me feriez dire... Il y a certaines expressions que je ne veux pas... qui me répugnent... Vous me donnez envie... En vérité, si je ne me retenais... Vous êtes une pécore, Pluche ! je ne sais que penser de vous. *(Il sort.)*

SCÈNE IV

Une place.

LE CHŒUR, PERDICAN.

PERDICAN. — Bonjour, mes amis. Me reconnaissez-vous ?

LE CHŒUR. — Seigneur, vous ressemblez à un enfant que nous avons beaucoup aimé.

PERDICAN. — N'est-ce pas vous qui m'avez porté sur votre dos pour passer les ruisseaux de vos prairies, vous qui m'avez fait danser sur vos genoux, qui m'avez pris en croupe sur vos chevaux robustes, qui vous êtes serrés quelquefois autour de vos tables pour me faire une place au souper de la ferme ?

LE CHŒUR. — Nous nous en souvenons, seigneur. Vous étiez bien le plus mauvais garnement et le meilleur garçon de la terre.

PERDICAN. — Et pourquoi donc alors ne m'embrassez-vous pas, au lieu de me saluer comme un étranger ?

LE CHŒUR. — Que Dieu te bénisse, enfant de nos entrailles ! Chacun de nous voudrait te prendre dans ses bras, mais nous sommes vieux, monseigneur, et vous êtes un homme.

PERDICAN. — Oui, il y a dix ans que je ne vous ai vus, et en un jour tout change sous le soleil. Je me suis élevé de quelques pieds vers le ciel, et vous vous êtes courbés de quelques pouces vers le tombeau. Vos têtes ont blanchi, vos pas sont devenus plus lents, vous ne pouvez plus soulever de terre votre enfant d'autrefois. C'est donc à moi d'être votre père, à vous qui avez été les miens.

LE CHŒUR. — Votre retour est un jour plus heureux que votre naissance. Il est plus doux de retrouver ce qu'on aime que d'embrasser un nouveau-né.

PERDICAN. — Voilà donc ma chère vallée ! mes noyers, mes sentiers verts, ma petite fontaine ! voilà mes jours passés encore tout pleins de vie, voilà le monde mystérieux des rêves de mon enfance ! Ô patrie ! patrie, mot incompréhensible ! l'homme n'est-il donc né que pour un coin de terre, pour y bâtir son nid et pour y vivre un jour ?

LE CHŒUR. — On nous a dit que vous êtes un savant, monseigneur.

PERDICAN. — Oui, on me l'a dit aussi. Les sciences sont une belle chose, mes enfants ; ces arbres et ces prairies enseignent à haute voix la plus belle de toutes, l'oubli de ce qu'on sait.

LE CHŒUR. — Il s'est fait plus d'un changement pendant votre absence. Il y a des filles mariées et des garçons partis pour l'armée.

PERDICAN. — Vous me conterez tout cela. Je m'attends bien à du nouveau ; mais en vérité je n'en veux pas encore. Comme ce lavoir est petit! autrefois il me paraissait immense ; j'avais emporté dans ma tête un océan et des forêts, et je retrouve une goutte d'eau et des brins d'herbe. Quelle est donc cette jeune fille qui chante à sa croisée derrière ces arbres ?

LE CHŒUR. — C'est Rosette, la sœur de lait de votre cousine Camille.

PERDICAN, *s'avançant.* — Descends vite, Rosette, et viens ici.

ROSETTE, *entrant.* — Oui, monseigneur.

PERDICAN. — Tu me voyais de ta fenêtre, et tu ne venais pas, méchante fille ! Donne-moi vite cette main-là, et ces joues-là, que je t'embrasse.

ROSETTE. — Oui, monseigneur.

PERDICAN. — Es-tu mariée, petite ? on m'a dit que tu l'étais.

ROSETTE. — Oh ! non.

PERDICAN. — Pourquoi ? il n'y a pas dans le village de plus jolie fille que toi. Nous te marierons, mon enfant.

LE CHŒUR. — Monseigneur, elle veut mourir fille.

PERDICAN. — Est-ce vrai, Rosette ?

ROSETTE. — Oh ! non.

PERDICAN. — Ta sœur Camille est arrivée. L'as-tu vue ?

ROSETTE. — Elle n'est pas encore venue par ici.

PERDICAN. — Va-t'en vite mettre ta robe neuve, et viens souper au château.

SCÈNE V

Une salle.

Entrent LE BARON et MAÎTRE BLAZIUS.

MAÎTRE BLAZIUS. — Seigneur, j'ai un mot à vous dire ; le curé de la paroisse est un ivrogne.

LE BARON. — Fi donc ! cela ne se peut pas.

MAÎTRE BLAZIUS. — J'en suis certain ; il a bu à dîner trois bouteilles de vin.

LE BARON. — Cela est exorbitant.

MAÎTRE BLAZIUS. — Et, en sortant de table, il a marché sur les plates-bandes.

LE BARON. — Sur les plates-bandes ! Je suis confondu. Voilà qui est étrange ! Boire trois bouteilles de vin à dîner ! marcher sur les plates-bandes ! c'est incompréhensible. Et pourquoi ne marchait-il pas dans l'allée ?

MAÎTRE BLAZIUS. — Parce qu'il allait de travers.

LE BARON, *à part.* — Je commence à croire que Bridaine avait raison ce matin. Ce Blazius sent le vin d'une manière horrible.

MAÎTRE BLAZIUS. — De plus il a mangé beaucoup ; sa parole était embarrassée.

LE BARON. — Vraiment, je l'ai remarqué aussi.

MAÎTRE BLAZIUS. — Il a lâché quelques mots latins ; c'était autant de solécismes. Seigneur, c'est un homme dépravé.

LE BARON, *à part.* — Pouah ! ce Blazius a une odeur qui est intolérable. — Apprenez, gouverneur, que j'ai bien autre chose en tête, et que je ne me mêle jamais de ce qu'on boit ni de ce qu'on mange. Je ne suis pas un majordome.

MAÎTRE BLAZIUS. — A Dieu ne plaise que je vous déplaise, monsieur le baron. Votre vin est bon.

LE BARON. — Il y a de bon vin dans mes caves.

MAÎTRE BRIDAINE, *entrant.* — Seigneur, votre fils est sur la place, suivi de tous les polissons du village.

LE BARON. — Cela est impossible.

MAÎTRE BRIDAINE. — Je l'ai vu de mes propres yeux. Il ramassait des cailloux pour faire des ricochets.

LE BARON. — Des ricochets ! ma tête s'égare ; voilà mes idées qui se bouleversent. Vous me faites un rapport insensé, Bridaine. Il est inouï qu'un docteur fasse des ricochets.

MAÎTRE BRIDAINE. — Mettez-vous à la fenêtre, monseigneur, vous le verrez de vos propres yeux.

LE BARON, *à part.* — Ô ciel ! Blazius a raison ; Bridaine va de travers.

MAÎTRE BRIDAINE. — Regardez, monseigneur, le voilà au bord du lavoir. Il tient sous le bras une jeune paysanne.

LE BARON. — Une jeune paysanne ! Mon fils vient-il ici pour débaucher mes vassales ? Une paysanne sous le bras ! et tous les gamins du village autour de lui ! Je me sens hors de moi.

MAÎTRE BRIDAINE. — Cela crie vengeance.

LE BARON. — Tout est perdu ! perdu sans ressources ! Je suis perdu : Bridaine va de travers, Blazius sent le vin à faire horreur, et mon fils séduit toutes les filles du village en faisant des ricochets ! *(Il sort.)*

ACTE DEUXIÈME

Scène première

Un jardin.

Entrent Maître Blazius et Perdican.

Maître Blazius. — Seigneur, votre père est au désespoir.

Perdican. — Pourquoi cela ?

Maître Blazius. — Vous n'ignorez pas qu'il avait formé le projet de vous unir à votre cousine Camille ?

Perdican. — Eh bien ? — Je ne demande pas mieux.

Maître Blazius. — Cependant le baron croit remarquer que vos caractères ne s'accordent pas.

Perdican. — Cela est malheureux ; je ne puis refaire le mien.

Maître Blazius. — Rendrez-vous par là ce mariage impossible ?

Perdican. — Je vous répète que je ne demande pas mieux que d'épouser Camille. Allez trouver le baron et dites-lui cela.

Maître Blazius. — Seigneur, je me retire : voilà votre cousine qui vient de ce côté. *(Il sort. — Entre Camille.)*

PERDICAN. — Déjà levée, cousine ? J'en suis toujours pour ce que je t'ai dit hier ; tu es jolie comme un cœur.

CAMILLE. — Parlons sérieusement, Perdican ; votre père veut nous marier. Je ne sais ce que vous en pensez ; mais je crois bien faire en vous prévenant que mon parti est pris là-dessus.

PERDICAN. — Tant pis pour moi si je vous déplais.

CAMILLE. — Pas plus qu'un autre, je ne veux pas me marier ; il n'y a rien là dont votre orgueil puisse souffrir.

PERDICAN. — L'orgueil n'est pas mon fait ; je n'en estime ni les joies ni les peines.

CAMILLE. — Je suis venue ici pour recueillir le bien de ma mère, je retourne demain au couvent.

PERDICAN. — Il y a de la franchise dans ta démarche ; touche là, et soyons bons amis.

CAMILLE. — Je n'aime pas les attouchements.

PERDICAN, *lui prenant la main.* — Donne-moi ta main, Camille, je t'en prie. Que crains-tu de moi ? Tu ne veux pas qu'on nous marie ? eh bien ! ne nous marions pas ; est-ce une raison pour nous haïr ? ne sommes-nous pas le frère et la sœur ? Lorsque ta mère a ordonné ce mariage dans son testament, elle a voulu que notre amitié fût éternelle, voilà tout ce qu'elle a voulu. Pourquoi nous marier ? voilà ta main et voilà la mienne ; et pour qu'elles restent unies ainsi jusqu'au dernier soupir, crois-tu qu'il nous faille un prêtre ? Nous n'avons besoin que de Dieu.

CAMILLE. — Je suis bien aise que mon refus vous soit indifférent.

PERDICAN. — Il ne m'est point indifférent, Camille. Ton amour m'eût donné la vie, mais ton amitié m'en consolera.

Ne quitte pas le château demain; hier, tu as refusé de faire un tour de jardin, parce que tu voyais en moi un mari dont tu ne voulais pas. Reste ici quelques jours, laisse-moi espérer que notre vie passée n'est pas morte à jamais dans ton cœur.

CAMILLE. — Je suis obligée de partir.

PERDICAN. — Pourquoi ?

CAMILLE. — C'est mon secret.

PERDICAN. — En aimes-tu un autre que moi ?

CAMILLE. — Non ; mais je veux partir.

PERDICAN. — Irrévocablement ?

CAMILLE. — Oui, irrévocablement.

PERDICAN. — Eh bien ! adieu. J'aurais voulu m'asseoir avec toi sous les marronniers du petit bois, et causer de bonne amitié une heure ou deux. Mais si cela te déplaît, n'en parlons plus ; adieu, mon enfant. *(Il sort.)*

CAMILLE, *à dame Pluche qui entre.* — Dame Pluche, tout est-il prêt ? Partirons-nous demain ? Mon tuteur a-t-il fini ses comptes ?

DAME PLUCHE. — Oui, chère colombe sans tache. Le baron m'a traitée de pécore hier soir, et je suis enchantée de partir.

CAMILLE. — Tenez, voilà un mot d'écrit que vous porterez avant dîner, de ma part, à mon cousin Perdican.

DAME PLUCHE. — Seigneur mon Dieu ! est-ce possible ? Vous écrivez un billet à un homme ?

CAMILLE. — Ne dois-je pas être sa femme ? Je puis bien écrire à mon fiancé.

DAME PLUCHE. — Le seigneur Perdican sort d'ici. Que pouvez-vous lui écrire ? Votre fiancé, miséricorde ! Serait-il vrai que vous oubliez Jésus ?

CAMILLE. — Faites ce que je vous dis, et disposez tout pour notre départ. *(Elles sortent.)*

SCÈNE II

La salle à manger. — On met le couvert.

Entre MAÎTRE BRIDAINE. — Cela est certain, on lui donnera encore aujourd'hui la place d'honneur. Cette chaise que j'ai occupée si longtemps à la droite du baron sera la proie du gouverneur. Ô malheureux que je suis ! Un âne bâté, un ivrogne sans pudeur, me relègue au bas bout de la table ! Le majordome lui versera le premier verre de malaga, et lorsque les plats arriveront à moi, ils seront à moitié froids, et les meilleurs morceaux déjà avalés ; il ne restera plus autour des perdreaux ni choux ni carottes. Ô sainte Église catholique ! Qu'on lui ait donné cette place hier, cela se concevait ; il venait d'arriver ; c'était la première fois, depuis nombre d'années, qu'il s'asseyait à cette table. Dieu ! comme il dévorait ! Non, rien ne me restera que des os et des pattes de poulet. Je ne souffrirai pas cet affront. Adieu, vénérable fauteuil où je me suis renversé tant de fois gorgé de mets succulents ! Adieu bouteilles cachetées, fumet sans pareil de venaisons cuites à point ! Adieu, table splendide, noble salle à manger, je ne dirai plus le bénédicité ! Je retourne à ma cure ; on ne me verra pas confondu parmi la foule des convives, et j'aime mieux, comme César, être le premier au village que le second dans Rome. *(Il sort.)*

Scène III

Un champ devant une petite maison.

Entrent Rosette et Perdican.

Perdican. — Puisque ta mère n'y est pas, viens faire un tour de promenade.

Rosette. — Croyez-vous que cela me fasse du bien, tous ces baisers que vous me donnez ?

Perdican. — Quel mal y trouves-tu ? Je t'embrasserais devant ta mère. N'es-tu pas la sœur de Camille ? ne suis-je pas ton frère comme je suis le sien ?

Rosette. — Des mots sont des mots et des baisers sont des baisers. Je n'ai guère d'esprit, et je m'en aperçois bien sitôt que je veux dire quelque chose. Les belles dames savent leur affaire, selon qu'on leur baise la main droite ou la main gauche ; leurs pères les embrassent sur le front, leurs frères sur la joue, leurs amoureux sur les lèvres ; moi, tout le monde m'embrasse sur les deux joues, et cela me chagrine.

Perdican. — Que tu es jolie, mon enfant !

Rosette. — Il ne faut pas non plus vous fâcher pour cela. Comme vous paraissez triste ce matin ! Votre mariage est donc manqué ?

Perdican. — Les paysans de ton village se souviennent de m'avoir aimé ; les chiens de la basse-cour et les arbres du bois s'en souviennent aussi ; mais Camille ne s'en souvient pas. Et toi, Rosette, à quand le mariage ?

ROSETTE. — Ne parlons pas de cela, voulez-vous ? Parlons du temps qu'il fait, de ces fleurs que voilà, de vos chevaux et de mes bonnets.

PERDICAN. — De tout ce qui te plaira, de tout ce qui peut passer sur tes lèvres sans leur ôter ce sourire céleste que je respecte plus que ma vie. *(Il l'embrasse.)*

ROSETTE. — Vous respectez mon sourire, mais vous ne respectez guère mes lèvres, à ce qu'il me semble. Regardez donc ; voilà une goutte de pluie qui me tombe sur la main, et cependant le ciel est pur.

PERDICAN. — Pardonne-moi.

ROSETTE. — Que vous ai-je fait, pour que vous pleuriez ? *(Ils sortent.)*

SCÈNE IV

Au château.

Entrent MAÎTRE BLAZIUS et LE BARON.

MAÎTRE BLAZIUS. — Seigneur, j'ai une chose singulière à vous dire. Tout à l'heure, j'étais par hasard dans l'office, je veux dire dans la galerie : qu'aurais-je été faire dans l'office ? j'étais donc dans la galerie. J'avais trouvé par accident une bouteille, je veux dire une carafe d'eau : comment aurais-je trouvé une bouteille dans la galerie ? J'étais donc en train de boire un coup de vin, je veux dire un verre d'eau pour passer le temps, et je regardais par la fenêtre, entre deux vases de fleurs qui me paraissaient d'un goût moderne, bien qu'ils soient imités de l'étrusque.

Le Baron. — Quelle insupportable manière de parler vous avez adoptée, Blazius ! vos discours sont inexplicables.

Maître Blazius. — Écoutez-moi, seigneur, prêtez-moi un moment d'attention. Je regardais donc par la fenêtre. Ne vous impatientez pas, au nom du ciel ! il y va de l'honneur de la famille.

Le Baron. — De la famille ! voilà qui est incompréhensible. De l'honneur de la famille, Blazius. Savez-vous que nous sommes trente-sept mâles, et presque autant de femmes, tant à Paris qu'en province ?

Maître Blazius. — Permettez-moi de continuer. Tandis que je buvais un coup de vin, je veux dire un verre d'eau, pour hâter la digestion tardive, imaginez que j'ai vu passer sous la fenêtre dame Pluche hors d'haleine.

Le Baron. — Pourquoi hors d'haleine, Blazius ? ceci est insolite.

Maître Blazius. — Et à côté d'elle, rouge de colère, votre nièce Camille.

Le Baron. — Qui était rouge de colère, ma nièce ou dame Pluche ?

Maître Blazius. — Votre nièce, seigneur.

Le Baron. — Ma nièce rouge de colère ! Cela est inouï ! Et comment savez-vous que c'était de colère ? Elle pouvait être rouge pour mille raisons ; elle avait sans doute poursuivi quelques papillons dans mon parterre.

Maître Blazius. — Je ne puis rien affirmer là-dessus ; cela se peut ; mais elle s'écriait avec force : « Allez-y ! trouvez-le, faites ce qu'on vous dit ! vous êtes une sotte ! je le veux ! » Et elle frappait avec son éventail sur le coude de dame Pluche qui faisait un soubresaut dans la luzerne à chaque exclamation.

LE BARON. — Dans la luzerne ?... Et que répondait la gouvernante aux extravagances de ma nièce ? car cette conduite mérite d'être qualifiée ainsi.

MAÎTRE BLAZIUS. — La gouvernante répondait : « Je ne veux pas y aller ! Je ne l'ai pas trouvé. Il fait la cour aux filles du village, à des gardeuses de dindons. Je suis trop vieille pour commencer à porter des messages d'amour ; grâce à Dieu, j'ai vécu les mains pures jusqu'ici ; » — et tout en parlant elle froissait dans ses mains un petit papier plié en quatre.

LE BARON. — Je n'y comprends rien ; mes idées s'embrouillent tout à fait. Quelle raison pouvait avoir dame Pluche pour froisser un papier plié en quatre en faisant des soubresauts dans une luzerne ? Je ne puis ajouter foi à de pareilles monstruosités.

MAÎTRE BLAZIUS. — Ne comprenez-vous pas clairement, seigneur, ce que cela signifiait ?

LE BARON. — Non, en vérité, non, mon ami, je n'y comprends absolument rien. Tout cela me paraît une conduite désordonnée, il est vrai, mais sans motif comme sans excuse.

MAÎTRE BLAZIUS. — Cela veut dire que votre nièce a une correspondance secrète.

LE BARON. — Que dites-vous ? Songez-vous de qui vous parlez ? Pesez vos paroles, monsieur l'abbé.

MAÎTRE BLAZIUS. — Je les pèserais dans la balance céleste qui doit peser mon âme au jugement dernier que je n'y trouverais pas un mot qui sente la fausse monnaie. Votre nièce a une correspondance secrète.

LE BARON. — Mais songez donc, mon ami, que cela est impossible.

MAÎTRE BLAZIUS. — Pourquoi aurait-elle chargé sa gouvernante d'une lettre ? Pourquoi aurait-elle crié : *Trouvez-le !* tandis que l'autre boudait et rechignait ?

LE BARON. — Et à qui était adressée cette lettre ?

MAÎTRE BLAZIUS. — Voilà précisément le *hic*, monseigneur, *hic jacet lepus*. À qui était adressée cette lettre ? à un homme qui fait la cour à une gardeuse de dindons. Or un homme qui recherche en public une gardeuse de dindons peut être soupçonné violemment d'être né pour les garder lui-même. Cependant il est impossible que votre nièce, avec l'éducation qu'elle a reçue, soit éprise d'un pareil homme ; voilà ce que je dis, et ce qui fait que je n'y comprends rien non plus que vous, révérence parler.

LE BARON. — Ô ciel ! ma nièce m'a déclaré ce matin même qu'elle refusait son cousin Perdican. Aimerait-elle un gardeur de dindons ? Passons dans mon cabinet ; j'ai éprouvé depuis hier des secousses si violentes que je ne puis rassembler mes idées. *(Ils sortent.)*

SCÈNE V

Une fontaine dans un bois.

Entre PERDICAN, *lisant un billet.* — « Trouvez-vous à midi à la petite fontaine. » Que veut dire cela ? tant de froideur, un refus si positif, si cruel, un orgueil si insensible, et un rendez-vous par-dessus tout ? Si c'est pour me parler d'affaires, pourquoi choisir un pareil endroit ? Est-ce une coquetterie ? Ce matin, en me promenant avec Rosette, j'ai entendu remuer dans les broussailles, et il m'a semblé que c'était un pas de biche. Y a-t-il ici quelque intrigue ? *(Entre Camille.)*

CAMILLE. — Bonjour, cousin ; j'ai cru m'apercevoir, à tort ou à raison, que vous me quittiez tristement ce matin. Vous m'avez pris la main malgré moi, je viens vous demander de me donner la vôtre. Je vous ai refusé un baiser, le voilà. *(Elle l'embrasse.)* Maintenant, vous m'avez dit que vous seriez bien aise de causer de bonne amitié. Asseyez-vous là, et causons. *(Elle s'assoit.)*

PERDICAN. — Avais-je fait un rêve, ou en fais-je un autre en ce moment ?

CAMILLE. — Vous avez trouvé singulier de recevoir un billet de moi, n'est-ce pas ? Je suis d'humeur changeante ; mais vous m'avez dit ce matin un mot très juste : « Puisque nous nous quittons, quittons-nous bons amis. » Vous ne savez pas la raison pour laquelle je pars, et je viens vous la dire : je vais prendre le voile.

PERDICAN. — Est-ce possible ? Est-ce toi, Camille, que je vois dans cette fontaine, assise sur les marguerites comme aux jours d'autrefois ?

CAMILLE. — Oui, Perdican, c'est moi. Je viens revivre un quart d'heure de la vie passée. Je vous ai paru brusque et hautaine ; cela est tout simple, j'ai renoncé au monde. Cependant, avant de le quitter, je serais bien aise d'avoir votre avis. Trouvez-vous que j'aie raison de me faire religieuse ?

PERDICAN. — Ne m'interrogez pas là-dessus, car je ne me ferai jamais moine.

CAMILLE. — Depuis près de dix ans que nous avons vécu éloignés l'un de l'autre, vous avez commencé l'expérience de la vie. Je sais quel homme vous êtes, et vous devez avoir beaucoup appris en peu de temps avec un cœur et un esprit comme les vôtres. Dites-moi, avez-vous eu des maîtresses ?

PERDICAN. — Pourquoi cela ?

CAMILLE. — Répondez-moi, je vous en prie, sans modestie et sans fatuité.

PERDICAN. — J'en ai eu.

CAMILLE. — Les avez-vous aimées ?

PERDICAN. — De tout mon cœur.

CAMILLE. — Où sont-elles maintenant ? Le savez-vous ?

PERDICAN. — Voilà, en vérité, des questions singulières. Que voulez-vous que je vous dise ? Je ne suis ni leur mari ni leur frère ; elles sont allées où bon leur a semblé.

CAMILLE. — Il doit nécessairement y en avoir une que vous ayez préférée aux autres. Combien de temps avez-vous aimé celle que vous avez aimée le mieux ?

PERDICAN. — Tu es une drôle de fille ! Veux-tu te faire mon confesseur ?

CAMILLE. — C'est une grâce que je vous demande de me répondre sincèrement. Vous n'êtes point un libertin, et je crois que votre cœur a de la probité. Vous avez dû inspirer l'amour, car vous le méritez et vous ne vous seriez pas livré à un caprice. Répondez-moi, je vous en prie.

PERDICAN. — Ma foi, je ne m'en souviens pas.

CAMILLE. — Connaissez-vous un homme qui n'ait aimé qu'une femme ?

PERDICAN. — Il y en a certainement.

CAMILLE. — Est-ce un de vos amis ? Dites-moi son nom.

PERDICAN. — Je n'ai pas de nom à vous dire, mais je crois qu'il y a des hommes capables de n'aimer qu'une fois.

CAMILLE. — Combien de fois un honnête homme peut-il aimer ?

PERDICAN. — Veux-tu me faire réciter une litanie, ou récites-tu toi-même un catéchisme ?

CAMILLE. — Je voudrais m'instruire, et savoir si j'ai tort ou raison de me faire religieuse. Si je vous épousais, ne devriez-vous pas répondre avec franchise à toutes mes questions et me montrer votre cœur à nu ? Je vous estime beaucoup, et je vous crois, par votre éducation et par votre nature, supérieur à beaucoup d'autres hommes. Je suis fâchée que vous ne vous souveniez plus de ce que je vous demande ; peut-être en vous connaissant mieux je m'enhardirais.

PERDICAN. — Où veux-tu en venir ? Parle ; je répondrai.

CAMILLE. — Répondez donc à ma première question. Ai-je raison de rester au couvent ?

PERDICAN. — Non.

CAMILLE. — Je ferais donc mieux de vous épouser ?

PERDICAN. — Oui.

CAMILLE. — Si le curé de votre paroisse soufflait sur un verre d'eau et vous disait que c'est un verre de vin, le boiriez-vous comme tel ?

PERDICAN. — Non.

CAMILLE. — Si le curé de votre paroisse soufflait sur vous et me disait que vous m'aimerez toute votre vie, aurais-je raison de le croire ?

PERDICAN. — Oui et non.

CAMILLE. — Que me conseilleriez-vous de faire le jour où je verrais que vous ne m'aimez plus ?

PERDICAN. — De prendre un amant.

CAMILLE. — Que ferai-je ensuite le jour où mon amant ne m'aimera plus ?

PERDICAN. — Tu en prendras un autre.

CAMILLE. — Combien de temps cela durera-t-il ?

PERDICAN. — Jusqu'à ce que tes cheveux soient gris, et alors les miens seront blancs.

CAMILLE. — Savez-vous ce que c'est que les cloîtres, Perdican ? Vous êtes-vous jamais assis un jour entier sur le banc d'un monastère de femmes ?

PERDICAN. — Oui, je m'y suis assis.

CAMILLE. — J'ai pour amie une sœur qui n'a que trente ans, et qui a eu cinq cent mille livres de revenu à l'âge de quinze ans. C'est la plus belle et la plus noble créature qui ait marché sur terre. Elle était pairesse du parlement et avait pour mari un des hommes les plus distingués de France. Aucune des nobles facultés humaines n'était restée sans culture en elle, et, comme un arbrisseau d'une sève choisie, tous ses bourgeons avaient donné des ramures. Jamais l'amour et le bonheur ne poseront leur couronne fleurie sur un front plus beau. Son mari l'a trompée ; elle a aimé un autre homme, et elle se meurt de désespoir.

PERDICAN. — Cela est possible.

CAMILLE. — Nous habitons la même cellule, et j'ai passé des nuits entières à parler de ses malheurs ; ils sont presque devenus les miens ; cela est singulier, n'est-ce pas ? Je ne sais trop comment cela se fait. Quand elle me parlait de son mariage, quand elle me peignait d'abord l'ivresse des premiers jours, puis la tranquillité des autres, et comme enfin tout s'était envolé ; comme elle était assise le soir au coin du feu, et lui auprès de la fenêtre, sans se dire un seul mot ; comme leur amour avait langui, et comme tous les efforts pour se rapprocher n'aboutissaient qu'à des querelles ; comme une figure étrangère est venue peu à peu se placer entre eux et se glisser dans leurs souffrances ; c'était moi que je voyais agir tandis qu'elle parlait. Quand elle disait : Là, j'ai été heureuse, mon cœur bondissait ; et quand elle ajoutait : Là, j'ai pleuré, mes larmes coulaient. Mais figurez-vous quelque chose de plus singulier encore ; j'avais fini par me créer une vie imaginaire ; cela a duré quatre ans ; il est inutile de vous dire par combien de réflexions, de retours sur moi-même, tout cela est venu. Ce que je voulais vous raconter comme une curiosité, c'est que tous les récits de Louise, toutes les fictions de mes rêves portaient votre ressemblance.

PERDICAN. — Ma ressemblance à moi ?

CAMILLE. — Oui, et cela est naturel : vous étiez le seul homme que j'eusse connu. En vérité, je vous ai aimé, Perdican.

PERDICAN. — Quel âge as-tu, Camille ?

CAMILLE. — Dix-huit ans.

PERDICAN. — Continue, continue ; j'écoute.

CAMILLE. — Il y a deux cents femmes dans notre couvent ; un petit nombre de ces femmes ne connaîtra jamais la vie, et tout le reste attend la mort. Plus d'une parmi elles sont sorties du monastère comme j'en sors aujourd'hui, vierges et pleines d'espérances. Elles sont revenues peu de temps après, vieilles et désolées. Tous les jours il en meurt dans nos dortoirs, et tous les jours il en vient de nouvelles prendre la place des mortes sur les matelas de crin. Les étrangers qui nous visitent admirent le calme et l'ordre de la maison ; ils regardent attentivement la blancheur de nos voiles, mais ils se demandent pourquoi nous les rabaissons sur nos yeux. Que pensez-vous de ces femmes, Perdican ? Ont-elles tort ou ont-elles raison ?

PERDICAN. — Je n'en sais rien.

CAMILLE. — Il s'en est trouvé quelques-unes qui me conseillent de rester vierge. Je suis bien aise de vous consulter.

Croyez-vous que ces femmes-là auraient mieux fait de prendre un amant et de me conseiller d'en faire autant ?

PERDICAN. — Je n'en sais rien.

CAMILLE. — Vous aviez promis de me répondre.

PERDICAN. — J'en suis dispensé tout naturellement ; je ne crois pas que ce soit toi qui parles.

CAMILLE. — Cela se peut, il doit y avoir dans toutes mes idées des choses très ridicules. Il se peut bien qu'on m'ait fait la leçon, et que je ne sois qu'un perroquet mal appris. Il y a dans la galerie un petit tableau qui représente un moine courbé sur un missel ; à travers les barreaux obscurs de sa cellule glisse un faible rayon de soleil, et on aperçoit une locanda italienne, devant laquelle danse un chevrier. Lequel de ces deux hommes estimez-vous davantage ?

PERDICAN. — Ni l'un ni l'autre et tous les deux. Ce sont deux hommes de chair et d'os ; il y en a un qui lit et un autre qui danse ; je n'y vois pas autre chose. Tu as raison de te faire religieuse.

CAMILLE. — Vous me disiez non tout à l'heure.

PERDICAN. — Ai-je dit non ? Cela est possible.

CAMILLE. — Ainsi vous me le conseillez ?

PERDICAN. — Ainsi tu ne crois à rien ?

CAMILLE. — Lève la tête, Perdican ! quel est l'homme qui ne croit à rien ?

PERDICAN, *se levant.* — En voilà un ; je ne crois pas à la vie immortelle. — Ma sœur chérie, les religieuses t'ont donné leur expérience ; mais, crois-moi, ce n'est pas la tienne ; tu ne mourras pas sans aimer.

CAMILLE. — Je veux aimer, mais je ne veux pas souffrir ; je veux aimer d'un amour éternel, et faire des serments qui ne se violent pas. Voilà mon amant. *(Elle montre son crucifix.)*

PERDICAN. — Cet amant-là n'exclut pas les autres.

CAMILLE. — Pour moi, du moins, il les exclura. Ne souriez pas, Perdican ! Il y a dix ans que je ne vous ai vu, et je pars demain. Dans dix autres années, si nous nous revoyons, nous en reparlerons. J'ai voulu ne pas rester dans votre souvenir comme une froide statue ; car l'insensibilité mène au point où j'en suis. Écoutez-moi : retournez à la vie, et tant que vous serez heureux, tant que vous aimerez comme on peut aimer sur la terre, oubliez votre sœur Camille ; mais s'il vous arrive jamais d'être oublié ou d'oublier vous-même, si l'ange de l'espérance vous abandonne, lorsque vous serez seul avec le vide dans le cœur, pensez à moi, qui prierai pour vous.

PERDICAN. — Tu es une orgueilleuse ; prends garde à toi.

CAMILLE. — Pourquoi ?

PERDICAN. — Tu as dix-huit ans, et tu ne crois pas à l'amour !

CAMILLE. — Y croyez-vous, vous qui parlez ? vous voilà courbé près de moi avec des genoux qui se sont usés sur les tapis de vos maîtresses et vous n'en savez plus le nom. Vous avez pleuré des larmes de joie et des larmes de désespoir ; mais vous saviez que l'eau des sources est plus constante que vos larmes, et qu'elle serait toujours là pour laver vos paupières gonflées. Vous faites votre métier de jeune homme, et vous souriez quand on vous parle de femmes désolées ; vous ne croyez pas qu'on puisse mourir d'amour, vous qui vivez et qui avez aimé. Qu'est-ce donc que le monde ? Il me semble que vous devez cordialement mépriser les femmes qui vous prennent tel que vous êtes, et qui chassent leur dernier amant pour vous attirer dans leurs bras avec les baisers d'un autre sur les lèvres. Je vous demandais tout à l'heure si vous aviez aimé ; vous m'avez répondu comme un voyageur à qui l'on demanderait s'il a été en Italie ou en Allemagne, et qui dirait : Oui, j'y ai été ; puis qui penserait à aller en Suisse ou dans le premier pays venu. Est-ce donc une monnaie que votre amour pour qu'il puisse passer ainsi de main en main jusqu'à la mort ? Non, ce n'est pas même une monnaie ; car la plus mince pièce d'or vaut mieux que vous, et dans quelques mains qu'elle passe, elle garde son effigie.

PERDICAN. — Que tu es belle, Camille, lorsque tes yeux s'animent !

CAMILLE. — Oui, je suis belle, je le sais. Les complimenteurs ne m'apprendront rien ; la froide nonne qui coupera mes cheveux pâlira peut-être de sa mutilation ; mais ils ne se changeront pas en bagues et en chaînes pour courir les boudoirs ; il n'en manquera pas un seul sur ma tête lorsque le fer y passera ; je ne veux qu'un coup de ciseau, et quand le prêtre qui me bénira me mettra au doigt l'anneau d'or de mon époux céleste, la mèche de cheveux que je lui donnerai pourra lui servir de manteau.

PERDICAN. — Tu es en colère, en vérité.

CAMILLE. — J'ai eu tort de parler ; j'ai ma vie entière sur les lèvres. Ô Perdican ! ne raillez pas, tout cela est triste à mourir.

PERDICAN. — Pauvre enfant, je te laisse dire, et j'ai bien envie de te répondre un mot. Tu me parles d'une religieuse qui me paraît avoir eu sur toi une influence funeste ; tu dis qu'elle a été trompée elle-même et qu'elle est désespérée. Es-tu sûre que si son mari ou son amant revenait lui tendre la main à travers la grille du parloir, elle ne lui tendrait pas la sienne ?

CAMILLE. — Qu'est-ce que vous dites ? J'ai mal entendu.

PERDICAN. — Es-tu sûre que si son mari ou son amant revenait lui dire de souffrir encore, elle répondrait non ?

CAMILLE. — Je le crois.

PERDICAN. — Il y a deux cents femmes dans ton monastère, et la plupart ont au fond du cœur des blessures profondes ; elles te les ont fait toucher, et elles ont coloré ta pensée virginale des gouttes de leur sang. Elles ont vécu, n'est-ce pas ? et elles t'ont montré avec horreur la route de leur vie ; tu t'es signée devant leurs cicatrices comme devant les plaies de Jésus ; elles t'ont fait une place dans leur procession lugubre, et tu te serres contre ces corps décharnés avec une crainte religieuse, lorsque tu vois passer un homme. Es-tu sûre que si l'homme qui passe était celui qui les a trompées, celui pour qui elles pleurent et elles souffrent, celui qu'elles maudissent en priant Dieu, es-tu sûre qu'en le voyant elles ne briseraient pas leurs chaînes pour courir à leurs malheurs passés, et pour presser leurs poitrines sanglantes sur le poignard qui les a meurtries ? Ô mon enfant ! sais-tu les rêves de ces femmes qui te disent de ne pas rêver ? Sais-tu quel nom elles murmurent quand les sanglots qui sortent de leurs lèvres font trembler l'hostie qu'on leur présente ? Elles qui s'assoient près de toi avec leurs têtes branlantes pour verser dans ton oreille leur vieillesse flétrie, elles qui sonnent dans les ruines de ta jeunesse le tocsin de leur désespoir et font sentir à ton sang vermeil la fraîcheur de leurs tombes ; sais-tu qui elles sont ?

CAMILLE. — Vous me faites peur ; la colère vous prend aussi.

PERDICAN. — Sais-tu ce que c'est que des nonnes, malheureuse fille ? Elles qui te représentent l'amour des hommes comme un mensonge, savent-elles qu'il y a pis encore, le mensonge de l'amour divin ? Savent-elles que c'est un crime qu'elles font de venir chuchoter à une vierge des paroles de femme ? Ah ! comme elles t'ont fait la leçon ! Comme j'avais prévu tout cela quand tu t'es arrêtée devant le portrait de notre vieille tante ! Tu voulais partir sans me serrer la main ; tu ne voulais revoir ni ce bois, ni cette pauvre petite fontaine qui nous regarde tout en larmes ; tu reniais les jours de ton enfance et le masque de plâtre que les nonnes t'ont placé sur les joues me refusait un baiser de frère ; mais ton cœur a battu ; il a oublié sa leçon, lui qui ne sait pas lire, et tu es revenue t'asseoir sur l'herbe où nous voilà. Eh bien ! Camille, ces femmes ont bien parlé ; elles t'ont mise dans le vrai chemin ; il pourra m'en coûter le bonheur de ma vie ; mais dis-leur cela de ma part : le ciel n'est pas pour elles.

CAMILLE. — Ni pour moi, n'est-ce pas ?

PERDICAN. — Adieu, Camille, retourne à ton couvent, et lorsqu'on te fera de ces récits hideux qui t'ont empoisonnée, réponds ce que je vais te dire : Tous les hommes sont menteurs, inconstants, faux, bavards, hypocrites, orgueilleux ou lâches, méprisables et sensuels ; toutes les femmes sont perfides, artificieuses, vaniteuses, curieuses et dépravées ; le monde n'est qu'un égout sans fond où les phoques les plus informes rampent et se tordent sur des montagnes de fange ; mais il y a au monde une chose sainte et sublime, c'est l'union de deux de ces êtres si imparfaits et si affreux. On est souvent trompé en amour, souvent blessé et souvent malheureux ; mais on aime, et quand on est sur le bord de sa tombe, on se retourne pour regarder en arrière, et on se dit : J'ai souffert souvent, je me suis trompé quelquefois, mais j'ai aimé. C'est moi qui ai vécu, et non pas un être factice créé par mon orgueil et mon ennui. *(Il sort.)*

ACTE TROISIÈME

Scène première

Devant le château.

Entrent Le Baron et Maître Blazius.

Le Baron. — Indépendamment de votre ivrognerie, vous êtes un bélître, maître Blazius. Mes valets vous voient entrer furtivement dans l'office, et quand vous êtes convaincu d'avoir volé mes bouteilles de la manière la plus pitoyable, vous croyez vous justifier en accusant ma nièce d'une correspondance secrète.

Maître Blazius. — Mais, monseigneur, veuillez vous rappeler...

Le Baron. — Sortez, monsieur l'abbé, et ne reparaissez jamais devant moi ; il est déraisonnable d'agir comme vous le faites, et ma gravité m'oblige à ne vous pardonner de ma vie. *(Il sort ; maître Blazius le suit. Entre Perdican.)*

Perdican. — Je voudrais bien savoir si je suis amoureux. D'un côté, cette manière d'interroger tant soit peu cavalière, pour une fille de dix-huit ans ; d'un autre, les idées que ces nonnes lui ont fourrées dans la tête auront de la peine à se corriger. De plus, elle doit partir aujourd'hui. Diable ! je l'aime, cela est sûr. Après tout, qui sait ? peut-être elle répétait une leçon, et d'ailleurs il est clair qu'elle ne se soucie pas de moi. D'une autre part, elle a beau être jolie, cela n'empêche pas qu'elle n'ait des manières beaucoup trop décidées, et un ton trop brusque. Je n'ai qu'à n'y plus penser ; il est clair que je ne l'aime pas. Cela est certain qu'elle est jolie ; mais pourquoi cette conversation d'hier ne veut-elle pas me sortir de la tête ? En vérité j'ai passé la nuit à radoter. Où vais-je donc ? — Ah ! je vais au village. *(Il sort.)*

Scène II

Un chemin.

Entre Maître Bridaine. — Que font-ils maintenant ? Hélas ! voilà midi. — Ils sont à table. Que mangent-ils ? Que ne mangent-ils pas ? J'ai vu la cuisinière traverser le village avec un énorme dindon. L'aide portait les truffes avec un panier de raisins. *(Entre maître Blazius.)*

Maître Blazius. — Ô disgrâce imprévue ! me voilà chassé du château, par conséquent de la salle à manger. Je ne boirai plus le vin de l'office.

Maître Bridaine. — Je ne verrai plus fumer les plats ; je ne chaufferai plus au feu de la noble cheminée mon ventre copieux.

Maître Blazius. — Pourquoi une fatale curiosité m'a-t-elle poussé à écouter le dialogue de dame Pluche et de la nièce ? Pourquoi ai-je rapporté au baron tout ce que j'ai vu ?

MAÎTRE BRIDAINE. — Pourquoi un vain orgueil m'a-t-il éloigné de ce dîner honorable, où j'étais si bien accueilli ? Que m'importait d'être à droite ou à gauche ?

MAÎTRE BLAZIUS. — Hélas ! j'étais gris, il faut en convenir, lorsque j'ai fait cette folie.

MAÎTRE BRIDAINE. — Hélas ! le vin m'avait monté à la tête quand j'ai commis cette imprudence.

MAÎTRE BLAZIUS. — Il me semble que voilà le curé.

MAÎTRE BRIDAINE. — C'est le gouverneur en personne.

MAÎTRE BLAZIUS. — Oh ! oh ! monsieur le curé, que faites-vous là ?

MAÎTRE BRIDAINE. — Moi ! je vais dîner. N'y venez-vous pas ?

MAÎTRE BLAZIUS. — Pas aujourd'hui. Hélas ! maître Bridaine, intercédez pour moi ; le baron m'a chassé. J'ai accusé faussement mademoiselle Camille d'avoir une correspondance secrète, et cependant Dieu m'est témoin que j'ai vu ou que j'ai cru voir dame Pluche dans la luzerne. Je suis perdu, monsieur le curé.

MAÎTRE BRIDAINE. — Que m'apprenez-vous là ?

MAÎTRE BLAZIUS. — Hélas ! hélas ! la vérité. Je suis en disgrâce complète pour avoir volé une bouteille.

MAÎTRE BRIDAINE. — Que parlez-vous, messire, de bouteilles volées à propos d'une luzerne et d'une correspondance ?

MAÎTRE BLAZIUS. — Je vous supplie de plaider ma cause. Je suis honnête, seigneur Bridaine. Ô digne seigneur Bridaine, je suis votre serviteur !

MAÎTRE BRIDAINE, *à part*. — Ô fortune ! est-ce un rêve ? Je serai donc assis sur toi, ô chaise bienheureuse !

MAÎTRE BLAZIUS. — Je vous serai reconnaissant d'écouter mon histoire et de vouloir bien m'excuser, brave seigneur, cher curé.

MAÎTRE BRIDAINE. — Cela m'est impossible ; il est midi sonné, et je m'en vais dîner. Si le baron se plaint de vous, c'est votre affaire. Je n'intercède point pour un ivrogne. *(À part.)* Vite, volons à la grille ; et toi, mon ventre, arrondis-toi. *(Il sort en courant.)*

MAÎTRE BLAZIUS, *seul.* — Misérable Pluche, c'est toi qui payeras pour tous ; oui, c'est toi qui es la cause de ma ruine, femme éhontée, vile entremetteuse, c'est à toi que je dois cette disgrâce. Ô sainte Université de Paris ! on me traite d'ivrogne ! Je suis perdu si je ne saisis une lettre, et si je ne prouve au baron que sa nièce a une correspondance. Je l'ai vue ce matin écrire à son bureau. Patience ! voici du nouveau. *(Passe dame Pluche portant une lettre.)* Pluche, donnez-moi cette lettre.

DAME PLUCHE. — Que signifie cela ? C'est une lettre de ma maîtresse que je vais mettre à la poste au village.

MAÎTRE BLAZIUS. — Donnez-la-moi, ou vous êtes morte.

DAME PLUCHE. — Moi, morte ! morte ! Marie, Jésus, vierge et martyre !

MAÎTRE BLAZIUS. — Oui, morte, Pluche ; donnez-moi ce papier. *(Ils se battent. Entre Perdican.)*

PERDICAN. — Qu'y a-t-il ? Que faites-vous, Blazius ? Pourquoi violenter cette femme ?

DAME PLUCHE. — Rendez-moi la lettre. Il me l'a prise, seigneur, justice !

MAÎTRE BLAZIUS. — C'est une entremetteuse, seigneur. Cette lettre est un billet doux.

DAME PLUCHE. — C'est une lettre de Camille, seigneur, de votre fiancée.

MAÎTRE BLAZIUS. — C'est un billet doux à un gardeur de dindons.

Dame Pluche. — Tu en as menti, abbé. Apprends cela de moi.

Perdican. — Donnez-moi cette lettre ; je ne comprends rien à votre dispute ; mais, en qualité de fiancé de Camille, je m'arroge le droit de la lire. *(Il lit.)* « À la sœur Louise, au couvent de ***. » *(À part.)* Quelle maudite curiosité me saisit malgré moi ! Mon cœur bat avec force, et je ne sais ce que j'éprouve. — Retirez-vous, dame Pluche ; vous êtes une digne femme et maître Blazius est un sot. Allez dîner ; je me charge de remettre cette lettre à la poste. *(Sortent maître Blazius et dame Pluche.)*

Perdican, *seul.* — Que ce soit un crime d'ouvrir une lettre, je le sais trop bien pour le faire. Que peut dire Camille à cette sœur ? Suis-je donc amoureux ? Quel empire a donc pris sur moi cette singulière fille, pour que les trois mots écrits sur cette adresse me fassent trembler la main ? Cela est singulier ; Blazius, en se débattant avec la dame Pluche, a fait sauter le cachet. Est-ce un crime de rompre le pli ? Bon, je n'y changerai rien. *(Il ouvre la lettre et lit.)*

« Je pars aujourd'hui, ma chère, et tout est arrivé comme je l'avais prévu. C'est une terrible chose ; mais ce pauvre jeune homme a le poignard dans le cœur ; il ne se consolera pas de m'avoir perdue. Cependant j'ai fait tout au monde pour le dégoûter de moi. Dieu me pardonnera de l'avoir réduit au désespoir par mon refus. Hélas ! ma chère, que pouvais-je y faire ? Priez pour moi ; nous nous reverrons demain, et pour toujours. Toute à vous du meilleur de mon âme. »

« Camille. »

Est-il possible ? Camille écrit cela ? C'est de moi qu'elle parle ainsi ! Moi au désespoir de son refus ! Eh ! bon Dieu ! si cela était vrai, on le verrait bien ; quelle honte peut-il y avoir à aimer ? Elle a fait tout au monde pour me dégoûter, dit-elle, et j'ai le poignard dans le cœur ? Quel intérêt peut-elle avoir à inventer un roman pareil ? Cette pensée que j'avais cette nuit est-elle donc vraie ? Ô femmes ! Cette pauvre Camille a peut-être une grande piété ! c'est de bon cœur qu'elle se donne à Dieu, mais elle a résolu et décrété qu'elle me laisserait au désespoir. Cela était convenu entre les bonnes amies avant de partir du couvent. On a décidé que Camille allait revoir son cousin, qu'on voudrait le lui faire épouser, qu'elle refuserait, et que le cousin serait désolé. Cela est si intéressant, une jeune fille qui fait à Dieu le sacrifice du bonheur d'un cousin ! Non, non, Camille, je ne t'aime pas, je ne suis pas au désespoir, je n'ai pas le poignard dans le cœur, et je te le prouverai. Oui, tu sauras que j'en aime une autre avant de partir d'ici. Holà, brave homme. *(Entre un paysan.)* Allez au château ; dites à la cuisine qu'on envoie un valet porter à mademoiselle Camille le billet que voici. *(Il écrit.)*

LE PAYSAN. — Oui, monseigneur. *(Il sort.)*

PERDICAN. — Maintenant à l'autre. Ah ! je suis au désespoir ! Holé ! Rosette, Rosette ! *(Il frappe à une porte.)*

ROSETTE, *ouvrant.* — C'est vous, monseigneur ! Entrez, ma mère y est.

PERDICAN. — Mets ton plus beau bonnet, Rosette, et viens avec moi.

ROSETTE. — Où donc ?

PERDICAN. — Je te le dirai ; demande la permission à ta mère, mais dépêche-toi.

ROSETTE. — Oui, monseigneur. *(Elle entre dans la maison.)*

PERDICAN. — J'ai demandé un nouveau rendez-vous à Camille, et je suis sûr qu'elle y viendra ; mais, par le ciel, elle n'y trouvera pas ce qu'elle compte y trouver. Je veux faire la cour à Rosette devant Camille elle-même.

SCÈNE III

Le petit bois.

Entrent CAMILLE et LE PAYSAN.

LE PAYSAN. — Mademoiselle, je vais au château porter une lettre pour vous, faut-il que je vous la donne ou que je la remette à la cuisine, comme l'a dit le seigneur Perdican ?

CAMILLE. — Donne-la-moi.

LE PAYSAN. — Si vous aimez mieux que je la porte au château, ce n'est pas la peine de m'attarder ?

CAMILLE. — Je te dis de me la donner.

LE PAYSAN. — Ce qui vous plaira. *(Il donne la lettre.)*

CAMILLE. — Tiens, voilà pour ta peine.

LE PAYSAN. — Grand merci ; je m'en vais, n'est-ce pas ?

CAMILLE. — Si tu veux.

LE PAYSAN. — Je m'en vais, je m'en vais. *(Il sort.)*

CAMILLE, *lisant.* — Perdican me demande de lui dire adieu, avant de partir, près de la petite fontaine où je l'ai fait venir hier. Que peut-il avoir à me dire ? Voilà justement la fontaine, et je suis toute portée. Dois-je accorder ce second rendez-vous ? Ah ! *(Elle se cache derrière un arbre.)* Voilà Perdican qui approche avec Rosette, ma sœur de lait. Je suppose qu'il va la quitter ; je suis bien aise de ne pas avoir l'air d'arriver la première. *(Entrent Perdican et Rosette qui s'assoient.)*

CAMILLE, *cachée, à part.* — Que veut dire cela ? Il la fait asseoir près de lui ? Me demande-t-il un rendez-vous pour y venir causer avec une autre ? Je suis curieuse de savoir ce qu'il lui dit.

PERDICAN, *à haute voix, de manière que Camille l'entende.* — Je t'aime, Rosette ! toi seule au monde, tu n'as rien oublié de nos beaux jours passés ; toi seule, tu te souviens de la vie qui n'est plus ; prends ta part de ma vie nouvelle ; donne-moi ton cœur, chère enfant ; voilà le gage de notre amour. *(Il lui pose sa chaîne sur le cou.)*

ROSETTE. — Vous me donnez votre chaîne d'or ?

PERDICAN. — Regarde à présent cette bague. Lève-toi et approchons-nous de cette fontaine. Nous vois-tu tous les deux, dans la source, appuyés l'un sur l'autre ? Vois-tu tes beaux yeux près des miens, ta main dans la mienne ? Regarde tout cela s'effacer. *(Il jette sa bague dans l'eau.)* Regarde comme notre image a disparu ; la voilà qui revient peu à peu ; l'eau qui s'était troublée reprend son équilibre ; elle tremble encore ; de grands cercles noirs courent à sa surface ; patience, nous reparaissons ; déjà je distingue de nouveau tes bras enlacés dans les miens ; encore une minute, et il n'y aura plus une ride sur ton joli visage ; regarde ! c'était une bague que m'avait donnée Camille.

CAMILLE, *à part.* — Il a jeté ma bague dans l'eau !

PERDICAN. — Sais-tu ce que c'est que l'amour, Rosette ? Écoute ! le vent se tait ; la pluie du matin roule en perles sur les feuilles séchées que le soleil ranime. Par la lumière du ciel, par le soleil que voilà, je t'aime ! Tu veux bien de moi, n'est-ce pas ? On n'a pas flétri ta jeunesse ; on n'a pas infiltré dans ton sang vermeil les restes d'un sang affadi ? Tu ne veux pas te faire religieuse ; te voilà jeune et belle dans les bras d'un jeune homme. Ô Rosette, Rosette ! sais-tu ce que c'est que l'amour ?

ROSETTE. — Hélas ! monsieur le docteur, je vous aimerai comme je pourrai.

Perdican. — Oui, comme tu pourras ; et tu m'aimeras mieux, tout docteur que je suis et toute paysanne que tu es, que ces pâles statues, fabriquées par les nonnes, qui ont la tête à la place du cœur, et qui sortent des cloîtres pour venir répandre dans la vie l'atmosphère humide de leurs cellules ; tu ne sais rien ; tu ne lirais pas dans un livre la prière que ta mère t'apprend, comme elle l'a apprise de sa mère ; tu ne comprends même pas le sens des paroles que tu répètes, quand tu t'agenouilles au pied de ton lit ; mais tu comprends bien que tu pries, et c'est tout ce qu'il faut à Dieu.

Rosette. — Comme vous me parlez, monseigneur !

Perdican. — Tu ne sais pas lire ; mais tu sais ce que disent ces bois et ces prairies, ces tièdes rivières, ces beaux champs couverts de moissons, toute cette nature splendide de jeunesse. Tu reconnais tous ces milliers de frères, et moi pour l'un d'entre eux ; lève-toi, tu seras ma femme, et nous prendrons racine ensemble dans la sève du monde tout-puissant. *(Il sort avec Rosette.)*

Scène IV

Entre Le Chœur. — Il se passe assurément quelque chose d'étrange au château ; Camille a refusé d'épouser Perdican ; elle doit retourner aujourd'hui au couvent dont elle est venue. Mais je crois que le seigneur son cousin s'est consolé avec Rosette. Hélas ! la pauvre fille ne sait pas quel danger elle court en écoutant les discours d'un jeune et galant seigneur.

Dame Pluche, *entrant*. — Vite, vite, qu'on selle mon âne !

LE CHŒUR. — Passerez-vous comme un songe léger, ô vénérable dame ! Allez-vous si promptement enfourcher derechef cette pauvre bête qui est si triste de vous porter ?

DAME PLUCHE. — Dieu merci, chère canaille, je ne mourrai pas ici.

LE CHŒUR. — Mourez au loin, Pluche, ma mie ; mourez inconnue dans un caveau malsain. Nous ferons des vœux pour votre respectable résurrection.

DAME PLUCHE. — Voici ma maîtresse qui s'avance. *(À Camille qui entre.)* Chère Camille, tout est prêt pour notre départ ; le baron a rendu ses comptes, et mon âne est bâté.

CAMILLE. — Allez au diable, vous et votre âne ! je ne partirai pas aujourd'hui. *(Elle sort.)*

LE CHŒUR. — Que veut dire ceci ? Dame Pluche est pâle de terreur, ses faux cheveux tentent de se hérisser, sa poitrine siffle avec force et ses doigts s'allongent en se crispant.

DAME PLUCHE. — Seigneur Jésus ! Camille a juré ! *(Elle sort.)*

SCÈNE V

Entrent LE BARON et MAÎTRE BRIDAINE.

MAÎTRE BRIDAINE. — Seigneur, il faut que je vous parle en particulier. Votre fils fait la cour à une fille du village.

LE BARON. — C'est absurde, mon ami.

MAÎTRE BRIDAINE. — Je l'ai vu distinctement passer dans la bruyère en lui donnant le bras ; il se penchait à son oreille et lui promettait de l'épouser.

LE BARON. — Cela est monstrueux.

MAÎTRE BRIDAINE. — Soyez-en convaincu ; il lui a fait un présent considérable, que la petite a montré à sa mère.

LE BARON. — Ô ciel ! considérable, Bridaine ? En quoi considérable ?

MAÎTRE BRIDAINE. — Pour le poids et pour la conséquence. C'est la chaîne d'or qu'il portait à son bonnet.

LE BARON. — Passons dans mon cabinet ; je ne sais à quoi m'en tenir. *(Ils sortent.)*

SCÈNE VI

La chambre de Camille.

Entrent CAMILLE et DAME PLUCHE.

CAMILLE. — Il a pris ma lettre, dites-vous ?

DAME PLUCHE. — Oui, mon enfant ; il s'est chargé de la mettre à la poste.

CAMILLE. — Allez au salon, dame Pluche, et faites-moi le plaisir de dire à Perdican que je l'attends ici. *(Dame Pluche sort.)* Il a lu ma lettre, cela est certain ; sa scène du bois est une vengeance, comme son amour pour Rosette. Il a voulu me prouver qu'il en aimait une autre que moi, et jouer l'indifférent malgré son dépit. Est-ce qu'il m'aimerait, par hasard ? *(Elle lève la tapisserie.)* Es-tu là, Rosette ?

ROSETTE, *entrant.* — Oui, puis-je entrer ?

CAMILLE. — Écoute-moi, mon enfant ; le seigneur Perdican ne te fait-il pas la cour ?

ROSETTE. — Hélas ! oui.

CAMILLE. — Que penses-tu de ce qu'il t'a dit ce matin ?

ROSETTE. — Ce matin ? Où donc ?

CAMILLE. — Ne fais pas l'hypocrite. — Ce matin, à la fontaine, dans le petit bois.

ROSETTE. — Vous m'avez donc vue ?

CAMILLE. — Pauvre innocente ! Non, je ne t'ai pas vue. Il t'a fait de beaux discours, n'est-ce pas ? Gageons qu'il t'a promis de t'épouser.

ROSETTE. — Comment le savez-vous ?

CAMILLE. — Qu'importe comment je le sais ? Crois-tu à ses promesses, Rosette ?

ROSETTE. — Comment n'y croirais-je pas ? il me tromperait donc ? Pour quoi faire ?

CAMILLE. — Perdican ne t'épousera pas, mon enfant.

ROSETTE. — Hélas ! je n'en sais rien.

CAMILLE. — Tu l'aimes, pauvre fille ; il ne t'épousera pas, et la preuve, je vais te la donner ; rentre derrière ce rideau, tu n'auras qu'à prêter l'oreille et à venir quand je t'appellerai. *(Rosette sort.)*

CAMILLE, *seule.* — Moi qui croyais faire un acte de vengeance, ferais-je un acte d'humanité ? La pauvre fille a le cœur pris. *(Entre Perdican.)* Bonjour, cousin, asseyez-vous.

PERDICAN. — Quelle toilette, Camille ! À qui en voulez-vous ?

CAMILLE. — À vous, peut-être ; je suis fâchée de n'avoir pu me rendre au rendez-vous que vous m'avez demandé ; vous aviez quelque chose à me dire ?

PERDICAN, *à part.* — Voilà, sur ma vie, un petit mensonge assez gros pour un agneau sans tache ; je l'ai vue derrière un arbre écouter la conversation. *(Haut.)* Je n'ai rien à vous dire qu'un adieu, Camille ; je croyais que vous partiez ; cependant votre cheval est à l'écurie, et vous n'avez pas l'air d'être en robe de voyage.

CAMILLE. — J'aime la discussion ; je ne suis pas bien sûre de ne pas avoir eu envie de me quereller encore avec vous.

PERDICAN. — À quoi sert de se quereller, quand le raccommodement est impossible ? Le plaisir des disputes, c'est de faire la paix.

CAMILLE. — Êtes-vous convaincu que je ne veuille pas la faire ?

PERDICAN. — Ne raillez pas : je ne suis pas de force à vous répondre.

CAMILLE. — Je voudrais qu'on me fît la cour ; je ne sais si c'est que j'ai une robe neuve, mais j'ai envie de m'amuser. Vous m'avez proposé d'aller au village, allons-y, je veux bien ; mettons-nous en bateau ; j'ai envie d'aller dîner sur l'herbe, ou de faire une promenade dans la forêt. Fera-t-il clair de lune, ce soir ? Cela est singulier, vous n'avez plus au doigt la bague que je vous ai donnée ?

PERDICAN. — Je l'ai perdue.

CAMILLE. — C'est pour cela que je l'ai trouvée ; tenez, Perdican, la voilà.

PERDICAN. — Est-ce possible ? Où l'avez-vous trouvée ?

CAMILLE. — Vous regardez si mes mains sont mouillées, n'est-ce pas ? En vérité, j'ai gâté ma robe de couvent pour retirer ce petit hochet d'enfant de la fontaine. Voilà pourquoi j'en ai mis une autre, et, je vous dis, cela m'a changée ; mettez donc cela à votre doigt.

Perdican. — Tu as retiré cette bague de l'eau, Camille, au risque de te précipiter ? Est-ce un songe ? La voilà ; c'est toi qui me la mets au doigt ! Ah ! Camille, pourquoi me le rends-tu, ce triste gage d'un bonheur qui n'est plus ? Parle, coquette et imprudente fille, pourquoi pars-tu ? pourquoi restes-tu ? Pourquoi, d'une heure à l'autre, changes-tu d'apparence et de couleur, comme la pierre de cette bague à chaque rayon du soleil ?

Camille. — Connaissez-vous le cœur des femmes, Perdican ? Êtes-vous sûr de leur inconstance, et savez-vous si elles changent réellement de pensée en changeant quelquefois de langage ? Il y en a qui disent que non. Sans doute, il nous faut souvent jouer un rôle, souvent mentir ; vous voyez que je suis franche ; mais êtes-vous sûr que tout mente dans une femme, lorsque sa langue ment ? Avez-vous bien réfléchi à la nature de cet être faible et violent, à la rigueur avec laquelle on le juge, aux principes qu'on lui impose ? Et qui sait si, forcée à tromper par le monde, la tête de ce petit être sans cervelle ne peut pas y prendre plaisir et mentir quelquefois, par passe-temps, par folie, comme elle ment par nécessité ?

Perdican. — Je n'entends rien à tout cela, et je ne mens jamais. Je t'aime, Camille, voilà tout ce que je sais.

Camille. — Vous dites que vous m'aimez, et vous ne mentez jamais.

Perdican. — Jamais.

Camille. — En voilà une qui dit pourtant que cela vous arrive quelquefois. *(Elle lève la tapisserie ; Rosette paraît au fond évanouie sur une chaise.)* Que répondrez-vous à cette enfant,

Perdican, lorsqu'elle vous demandera compte de vos paroles ? Si vous ne mentez jamais, d'où vient donc qu'elle s'est évanouie en vous entendant dire que vous m'aimez ? Je vous laisse avec elle ; tâchez de la faire revenir. *(Elle veut sortir.)*

PERDICAN. — Un instant, Camille, écoutez-moi.

CAMILLE. — Que voulez-vous me dire ? c'est à Rosette qu'il faut parler. Je ne vous aime pas, moi ; je n'ai pas été chercher par dépit cette malheureuse enfant au fond de sa chaumière, pour en faire un appât, un jouet ; je n'ai pas répété imprudemment devant elle des paroles brûlantes adressées à une autre ; je n'ai pas feint de jeter au vent pour elle le souvenir d'une amitié chérie ; je ne lui ai pas mis ma chaîne au cou ; je ne lui ai pas dit que je l'épouserais.

PERDICAN. — Écoutez-moi, écoutez-moi !

CAMILLE. — N'as-tu pas souri tout à l'heure quand je t'ai dit que je n'avais pu aller à la fontaine ? Eh bien ! oui, j'y étais et j'ai tout entendu ; mais, Dieu m'en est témoin, je ne voudrais pas y avoir parlé comme toi. Que feras-tu de cette fille-là, maintenant, quand elle viendra, avec tes baisers ardents sur les lèvres, te montrer en pleurant la blessure que tu lui as faite ? Tu as voulu te venger de moi, n'est-ce pas, et me punir d'une lettre écrite à mon couvent ? tu as voulu me lancer à tout prix quelque trait qui pût m'atteindre, et tu comptais pour rien que ta flèche empoisonnée traversât cette enfant, pourvu qu'elle me frappât derrière elle. Je m'étais vantée de t'avoir inspiré quelque amour, de te laisser quelque regret. Cela t'a blessé dans ton noble orgueil ? Eh bien, apprends-le de moi, tu m'aimes, entends-tu : mais tu épouseras cette fille, ou tu n'es qu'un lâche !

PERDICAN. — Oui, je l'épouserai.

CAMILLE. — Et tu feras bien.

PERDICAN. — Très bien, et beaucoup mieux qu'en t'épousant toi-même. Qu'y a-t-il, Camille, qui t'échauffe si fort? cette enfant s'est évanouie; nous la ferons bien revenir, il ne faut pour cela qu'un flacon de vinaigre; tu as voulu me prouver que j'avais menti une fois dans ma vie; cela est possible, mais je te trouve hardie de décider à quel instant. Viens, aide-moi à secourir Rosette. *(Ils sortent.)*

SCÈNE VII

LE BARON et CAMILLE.

LE BARON. — Si cela se fait, je deviendrai fou.

CAMILLE. — Employez votre autorité.

LE BARON. — Je deviendrai fou, et je refuserai mon consentement, voilà qui est certain.

CAMILLE. — Vous devriez lui parler et lui faire entendre raison.

LE BARON. — Cela me jettera dans le désespoir pour tout le carnaval, et je ne paraîtrai pas une fois à la cour. C'est un mariage disproportionné. Jamais on n'a entendu parler d'épouser la sœur de lait de sa cousine; cela passe toute espèce de bornes.

CAMILLE. — Faites-le appeler, et dites-lui nettement que ce mariage vous déplaît. Croyez-moi, c'est une folie, et il ne résistera pas.

LE BARON. — Je serai vêtu de noir cet hiver, tenez-le pour assuré.

CAMILLE. — Mais parlez-lui, au nom du ciel ! C'est un coup de tête qu'il a fait ; peut-être n'est-il déjà plus temps ; s'il en a parlé, il le fera.

LE BARON. — Je vais m'enfermer pour m'abandonner à ma douleur. Dites-lui, s'il me demande, que je suis enfermé, et que je m'abandonne à ma douleur de le voir épouser une fille sans nom. *(Il sort.)*

CAMILLE. — Ne trouverai-je pas ici un homme de cœur ? En vérité, quand on en cherche, on est effrayé de sa solitude. *(Entre Perdican.)* Eh bien ? cousin, à quand le mariage ?

PERDICAN. — Le plus tôt possible ; j'ai déjà parlé au notaire, au curé et à tous les paysans.

CAMILLE. — Vous comptez donc réellement que vous épouserez Rosette ?

PERDICAN. — Assurément.

CAMILLE. — Qu'en dira votre père ?

PERDICAN. — Tout ce qu'il voudra ; il me plaît d'épouser cette fille : c'est une idée que je vous dois, et je m'y tiens. Faut-il vous répéter les lieux communs les plus rebattus sur sa naissance et sur la mienne ? Elle est jeune et jolie, et elle m'aime ; c'est plus qu'il n'en faut pour être trois fois heureux. Qu'elle ait de l'esprit ou qu'elle n'en ait pas, j'aurais pu trouver pire. On criera, on raillera ; je m'en lave les mains.

CAMILLE. — Il n'y a rien là de risible : vous faites très bien de l'épouser. Mais je suis fâchée pour vous d'une chose : c'est qu'on dira que vous l'avez fait par dépit.

PERDICAN. — Vous êtes fâchée de cela ? Oh ! que non.

Camille. — Si, j'en suis vraiment fâchée pour vous. Cela fait du tort à un jeune homme de ne pouvoir résister à un moment de dépit.

Perdican. — Soyez-en donc fâchée ; quant à moi, cela m'est bien égal.

Camille. — Mais vous n'y pensez pas ; c'est une fille de rien.

Perdican. — Elle sera donc de quelque chose, lorsqu'elle sera ma femme.

Camille. — Elle vous ennuiera avant que le notaire ait mis son habit neuf et ses souliers pour venir ici ; le cœur vous lèvera au repas de noces, et le soir de la fête vous lui ferez couper les mains et les pieds, comme dans les contes arabes, parce qu'elle sentira le ragoût.

Perdican. — Vous verrez que non. Vous ne me connaissez pas ; quand une femme est douce et sensible, fraîche, bonne et belle, je suis capable de me contenter de cela, oui, en vérité, jusqu'à ne pas me soucier de savoir si elle parle latin.

Camille. — Il est à regretter qu'on ait dépensé tant d'argent pour vous l'apprendre ; c'est trois mille écus de perdus.

Perdican. — Oui ; on aurait mieux fait de les donner aux pauvres.

Camille. — Ce sera vous qui vous en chargerez, du moins pour les pauvres d'esprit.

Perdican. — Et ils me donneront en échange le royaume des cieux, car il est à eux.

Camille. — Combien de temps durera cette plaisanterie ?

Perdican. — Quelle plaisanterie ?

Camille. — Votre mariage avec Rosette.

PERDICAN. — Bien peu de temps ; Dieu n'a pas fait de l'homme une œuvre de durée : trente ou quarante ans, tout au plus.

CAMILLE. — Je suis curieuse de danser à vos noces !

PERDICAN. — Écoutez-moi, Camille, voilà un ton de persiflage qui est hors de propos.

CAMILLE. — Il me plaît trop pour que je le quitte.

PERDICAN. — Je vous quitte donc vous-même, car j'en ai tout à l'heure assez.

CAMILLE. — Allez-vous chez votre épousée ?

PERDICAN. — Oui, j'y vais de ce pas.

CAMILLE. — Donnez-moi donc le bras ; j'y vais aussi. *(Entre Rosette.)*

PERDICAN. — Te voilà, mon enfant ! Viens, je veux te présenter à mon père.

ROSETTE, *se mettant à genoux.* — Monseigneur, je viens vous demander une grâce. Tous les gens du village à qui j'ai parlé ce matin m'ont dit que vous aimiez votre cousine, et que vous ne m'avez fait la cour que pour vous divertir tous deux ; on se moque de moi quand je passe, et je ne pourrai plus trouver de mari dans le pays, après avoir servi de risée à tout le monde. Permettez-moi de vous rendre le collier que vous m'avez donné et de vivre en paix chez ma mère.

CAMILLE. — Tu es une bonne fille, Rosette ; garde ce collier, c'est moi qui te le donne, et mon cousin prendra le mien à la place. Quant à un mari, n'en sois pas embarrassée, je me charge de t'en trouver un.

PERDICAN. — Cela n'est pas difficile, en effet. Allons, Rosette, viens, que je te mène à mon père.

CAMILLE. — Pourquoi ? Cela est inutile.

PERDICAN. — Oui, vous avez raison, mon père nous recevrait mal ; il faut laisser passer le premier moment de surprise qu'il a éprouvée. Viens avec moi, nous retournerons sur la place. Je trouve plaisant qu'on dise que je ne t'aime pas quand je t'épouse. Pardieu ! nous les ferons bien taire. *(Il sort avec Rosette.)*

CAMILLE. — Que se passe-t-il donc en moi ? Il l'emmène d'un air bien tranquille. Cela est singulier : il me semble que la tête me tourne. Est-ce qu'il l'épouserait tout de bon ? Holà ! dame Pluche, dame Pluche ! N'y a-t-il donc personne ici ? *(Entre un valet.)* Courez après le seigneur Perdican : dites-lui vite qu'il remonte ici, j'ai à lui parler. *(Le valet sort.)* Mais qu'est-ce donc que tout cela ? Je n'en puis plus, mes pieds refusent de me soutenir. *(Rentre Perdican.)*

PERDICAN. — Vous m'avez demandé, Camille ?

CAMILLE. — Non, — non.

PERDICAN. — En vérité, vous voilà pâle ; qu'avez-vous à me dire ? Vous m'avez fait rappeler pour me parler ?

CAMILLE. — Non, non ! — Ô Seigneur Dieu ! *(Elle sort.)*

SCÈNE VIII

Un oratoire.

Entre CAMILLE, *elle se jette au pied de l'autel.* — M'avez-vous abandonnée, ô mon Dieu ? Vous le savez, lorsque je suis venue, j'avais juré de vous être fidèle ; quand j'ai refusé de devenir l'épouse d'un autre que vous, j'ai cru parler sincèrement devant vous et ma conscience ; vous le savez, mon père ;

ne voulez-vous donc plus de moi ? Oh ! pourquoi faites-vous mentir la vérité elle-même ? Pourquoi suis-je si faible ? Ah ! malheureuse, je ne puis plus prier. *(Entre Perdican.)*

PERDICAN. — Orgueil ! le plus fatal des conseillers humains, qu'es-tu venu faire entre cette fille et moi ? La voilà pâle et effrayée, qui presse sur les dalles insensibles son cœur et son visage. Elle aurait pu m'aimer, et nous étions nés l'un pour l'autre ; qu'es-tu venu faire sur nos lèvres, orgueil, lorsque nos mains allaient se joindre ?

CAMILLE. — Qui m'a suivie ? Qui parle sous cette voûte ? Est-ce toi, Perdican ?

PERDICAN. — Insensés que nous sommes ! nous nous aimons. Quel songe avons-nous fait, Camille ? Quelles vaines paroles, quelles misérables folies ont passé comme un vent funeste entre nous deux ! Lequel de nous a voulu tromper l'autre ? Hélas ! cette vie est elle-même un si pénible rêve ! pourquoi encore y mêler les nôtres ? Ô mon Dieu ! le bonheur est une perle si rare dans cet océan d'ici-bas ! Tu nous l'avais donné, pêcheur céleste, tu l'avais tiré pour nous des profondeurs de l'abîme, cet inestimable joyau ; et nous, comme des enfants gâtés que nous sommes, nous en avons fait un jouet. Le vert sentier qui nous amenait l'un vers l'autre avait une pente si douce, il était entouré de buissons si fleuris, il se perdait dans un si tranquille horizon ! il a bien fallu que la vanité, le bavardage et la colère vinssent jeter leurs rochers informes sur cette route céleste, qui nous aurait conduits à toi dans un baiser ! Il a bien fallu que nous nous fissions du mal, car nous sommes des hommes ! Ô insensés ! nous nous aimons. *(Il la prend dans ses bras.)*

CAMILLE. — Oui, nous nous aimons, Perdican ; laisse-moi le sentir sur ton cœur. Ce Dieu qui nous regarde ne s'en offensera pas ; il veut bien que je t'aime ; il y a quinze ans qu'il le sait.

PERDICAN. — Chère créature, tu es à moi ! *(Il l'embrasse ; on entend un grand cri derrière l'autel.)*

CAMILLE. — C'est la voix de ma sœur de lait.

PERDICAN. — Comment est-elle ici ? Je l'avais laissée dans l'escalier, lorsque tu m'as fait rappeler. Il faut donc qu'elle m'ait suivi sans que je m'en sois aperçu.

CAMILLE. — Entrons dans cette galerie ; c'est là qu'on a crié.

PERDICAN. — Je ne sais ce que j'éprouve ; il me semble que mes mains sont couvertes de sang.

CAMILLE. — La pauvre enfant nous a sans doute épiés ; elle s'est encore évanouie ; viens, portons-lui secours ; hélas ! tout cela est cruel.

PERDICAN. — Non, en vérité, je n'entrerai pas ; je sens un froid mortel qui me paralyse. Vas-y, Camille, et tâche de la ramener. *(Camille sort.)* Je vous en supplie, mon Dieu ! ne faites pas de moi un meurtrier ! Vous voyez ce qui se passe ; nous sommes deux enfants insensés, et nous avons joué avec la vie et la mort ; mais notre cœur est pur ; ne tuez pas Rosette, Dieu juste ! Je lui trouverai un mari, je réparerai ma faute ; elle est jeune, elle sera heureuse ; ne faites pas cela, ô Dieu ! vous pouvez bénir encore quatre de vos enfants. Eh bien ! Camille, qu'y a-t-il ? *(Camille rentre.)*

CAMILLE. — Elle est morte. Adieu, Perdican !

DOSSIER LIBRIO+

Des pages en + pour s'approprier le texte,
le comprendre sans notes, et s'exercer !

Fiche 1 : Lire sans notes

1. À vos dictionnaires !

a. Cherchez la signification du mot « dévote » (p. 11) : quelle image ce qualificatif donne-t-il de Marianne ?

b. Les activités d'Octave sont décrites par l'auteur comme des « mascarades » (p. 50) et des « cavalcades » (p. 14) : que signifient ces deux mots ? À quels champs lexicaux se rattachent-ils ? À quels autres mots fréquents pouvez-vous les associer ?

c. Claudio fait appel à des « spadassins » (p. 47) : quelle est l'étymologie de ce mot ? Que veut-il dire ? À quelle langue permet-il de faire allusion ? De la même manière, cherchez l'étymologie et la signification de « sigisbée » (p. 22).

d. Octave se qualifie lui-même d'« histrion » (p. 50) : cherchez ce mot et expliquez de quelle manière il est employé. Qu'est-ce que cela révèle du personnage ?

2. Sans dictionnaire

a. Relevez dans la pièce les termes qui appartiennent au champ lexical de la religion. À quel personnage sont-ils associés ?

b. Dans la présentation qui est faite d'Octave (de « Quelle est cette mascarade ? » à « tant que j'y pourrai quelque chose », p. 13-18), quels éléments pouvez-vous relever qui l'assimilent à un personnage de comédie ?

c. Octave et Claudio s'opposent à plusieurs reprises : notez le vocabulaire du mépris dans leurs répliques (II, 1, p. 32,

« Cousin Claudio… » et II, 5, p. 48, « Ouvrez, ou j'enfonce des portes »).

d. Octave décrit à deux reprises les sentiments amoureux de Cœlio (I, 1, p. 18, « Ne vous détournez pas » à « Ma foi, ma foi ! » et II, 3, p. 43, « Si jamais homme au monde » jusqu'à la fin de la scène) : relevez dans le texte le champ lexical et les métaphores de l'amour.

3. Avez-vous bien lu ?

a. Quels sont les différents moyens utilisés par Cœlio pour entrer en contact avec Marianne ?

b. Pourquoi Claudio pense-t-il que sa femme le trompe ?

c. Que raconte Hermia à son fils ? Quel effet cette histoire produit-elle sur le jeune homme ?

d. À quelle fleur Octave compare-t-il Marianne ?

e. Comment l'image de la bouteille permet-elle de montrer la différence de conception de l'amour entre Octave et Marianne ?

f. Quel signe de reconnaissance Marianne donne-t-elle à Octave ?

4. Exercice d'écriture

Choisissez un des personnages de la pièce et rédigez son portrait sous une forme narrative. Vous prendrez appui sur les informations données par Musset et sur la manière de parler de chacun des personnages pour imaginer leur caractère et leur apparence.

Fiche 2 : *Les Caprices de Marianne*, un exemple de drame romantique

1. « Un spectacle dans un fauteuil »

Le drame romantique est un genre théâtral popularisé au milieu du XIXe siècle par Victor Hugo. Pour lui, le théâtre doit rompre avec les codes anciens de la tragédie et de la comédie pour proposer un spectacle innovant. Celui-ci doit s'appuyer sur un mélange des genres et proposer des passages comiques mêlés à des passages tragiques ; les personnages doivent également permettre un mélange entre les personnages sublimes, aux sentiments intenses, et les personnages grotesques, ridicules et bouffons.
Le drame romantique cherche enfin à supprimer les règles d'écriture du théâtre, notamment la règle des trois unités (unité de temps, de lieu, d'action) et celle de la bienséance, pour garantir une meilleure immersion dans le spectacle, jugé plus crédible s'il respecte le décor et le temps « réel » de l'histoire mise en scène.
Cependant, ces choix sont parfois difficiles à mettre en scène à l'époque de la création, et les pièces ne sont pas toujours bien accueillies. Musset a ainsi été amené à écrire une partie de son théâtre pour qu'il soit lu plutôt que joué, d'où le nom de « spectacle dans un fauteuil ».

a. Relevez le cadre géographique dans lequel se déroule la pièce : quelle est la ville ? Dans quel pays se trouve-t-elle ? Quels sont les mots ou les objets qui l'évoquent ? À quels stéréotypes pouvez-vous l'associer ?

b. Quels sont les différents décors utilisés ? À quel moment changent-ils ? Pourquoi ces changements de décor sont-ils nécessaires au bon déroulement de l'intrigue ?

c. Quelle est la durée de l'histoire racontée dans la pièce ? Quels sont les indices du temps qui passe ? Ce temps est-il crédible ?

d. Selon vous, quels sont les personnages comiques ? Qu'est-ce qui les rend ridicules ou grotesques ? À l'inverse, quels personnages expriment des sentiments intenses ? Quel est leur destin dans la pièce ?

2. Un spectacle qui joue sur les conflits et les retournements de situation

a. Listez les obstacles rencontrés par Cœlio dans sa déclaration d'amour : d'où viennent-ils ?

b. Notez les personnages intervenant dans chacune des scènes. Que remarquez-vous dans la succession de celles-ci ?

c. La pièce donne à voir de nombreux conflits entre les personnages : quels sont ceux qui s'affrontent ? Quelles évolutions constatez-vous au cours de la pièce ?

d. Quels sont les différents retournements de situation de la pièce ? Quelle est leur cause ?

3. Une pièce qui tire parti de toutes les ressources du langage théâtral

Le théâtre est un genre qui a la particularité d'être à la fois textuel et visuel ; le langage passe donc par deux canaux parallèles :

– la parole peut être délivrée par un personnage seul en scène (monologue) ou par plusieurs personnages (dialogue) ; les répliques échangées peuvent être très brèves (stichomythies) pour donner une atmosphère d'affrontement, ou très longues (tirades) pour laisser le personnage développer son argumentation ;

– la mise en scène permet également une communication, notamment par le biais d'objets à reconnaître, de lettres échangées ou de gestes.

a. Relevez dans la pièce un exemple de stichomythies : que montrent-elles ? Quel est l'effet provoqué ?

b. Relevez un monologue et une tirade : quelle est leur utilité ? Comment permettent-ils de mieux comprendre la psychologie des personnages ?

c. Outre la parole, quels sont les modes de communication employés dans la pièce ? Qui les utilise ? Pour quelle raison ?

4. Exercice d'écriture

Rédigez le monologue de Marianne rentrant chez elle après la première rencontre avec Octave : prenez en compte ses réactions au moment où elle rencontre Octave, ce qu'elle rapporte de cette entrevue à son mari et ce qu'elle dit à Octave lors de leur deuxième conversation. Vous pouvez profiter du monologue pour montrer les sentiments intimes de Marianne, ses doutes et ses interrogations.

Fiche 3 : « Je ne sais pas le langage de l'amour » ou le romantisme dans la pièce

1. Questionnaires de lecture

A. *Romantisme et mélancolie*

a. Cœlio est le représentant de la mélancolie caractéristique des auteurs romantiques. Cherchez le vocabulaire montrant sa tristesse dans ses deux premières interventions. Quelles tournures grammaticales utilise-t-il ?

b. Le romantisme cherche souvent l'expression de sentiments exacerbés : quels outils Musset emploie-t-il pour renforcer l'expression de la douleur et de la tristesse ? Relevez quelques exemples de figures de style permettant d'intensifier les sentiments.

c. Octave est-il seulement un personnage comique ? Relevez, dans sa première apparition, les éléments qui lui donnent un caractère ambigu. Quel thème partage-t-il avec Cœlio ? Comment l'auteur parvient-il à montrer qu'ils ont les mêmes caractéristiques ?

d. La dernière scène reprend toutes les caractéristiques de la mélancolie : dans quel cadre se déroule-t-elle ? Quels thèmes sont abordés dans le dialogue ?

e. Pensez-vous que Marianne soit heureuse ? Quels éléments permettraient de développer la psychologie du personnage ?

B. *Romantisme et amour*

a. Dans sa première tirade, quelles images Cœlio utilise-t-il pour décrire son amour ? Comment le représente-t-il à Octave ?

b. Comment chaque personnage vous paraît-il concevoir l'amour ? Quelles sont les scènes dans lesquelles les personnages présentent leur vision du sentiment amoureux ?

c. Quel est le seul personnage qui parle d'amour à Marianne ? Quel effet cela provoque-t-il ? Ce thème est-il abordé de manière directe ? Par quels biais y arrive-t-il ?

d. Quelle autre femme est mentionnée dans la pièce ? Quel est son métier ? Quelle forme d'amour représente-t-elle ?

e. Marianne se met à deux reprises en colère contre l'amour que lui propose Cœlio par l'intermédiaire d'Octave : que lui reproche-t-elle ? Selon elle, que recherche Octave dans l'amour ? La manière d'aborder l'amour vous paraît-elle conforme aux stéréotypes du romantisme ?

2. Lecture à voix haute

Préparez la lecture de la déclaration d'amour d'Octave pour le compte de Cœlio, acte II, scène 3 (p. 43). Vous serez attentif aux tournures exclamatives, aux répétitions et à la situation particulière du personnage, afin de faire ressortir l'expression des sentiments.

3. Exercice d'écriture

Rédigez la lettre adressée par Cœlio à Marianne. Revoyez la forme épistolaire, ses codes et ses contraintes, et utilisez quelques-unes des formules employées par Cœlio quand il évoque Marianne. Vous montrerez notamment l'intensité des sentiments, ainsi que les thèmes qu'il associe le plus souvent à l'amour.

Fiche 4 : Le grotesque et le ridicule

1. Questionnaires de lecture

A. *Le personnage du mari trompé*

a. Le mari trompé est un personnage classique des comédies de Molière. Faites une recherche pour trouver quelques exemples de ce stéréotype. Que lui arrive-t-il généralement ? Quel effet cela provoque-t-il ?

b. Dans *Les Caprices de Marianne*, Claudio est le personnage ridicule : dans quelles scènes apparaît-il ? Comment son langage le rend-il grotesque ? Quel est son caractère ? Rédigez un court portrait de Claudio en mettant en avant ses défauts.

c. Comparez, dans le premier acte, la scène 1 et les deux passages de la scène 3 dans lesquels apparaissent Claudio et Tibia : sur quoi repose le comique dans ces trois extraits ?

d. Dans la scène 5 de l'acte II (p. 47), Claudio est-il toujours ridicule ? En quoi ce personnage peut-il être vu comme ambigu ? Quel défaut pourrait-il incarner ?

B. *Octave, un personnage grotesque ?*

a. Comment se présente Octave lors de sa première apparition ? Notez tous les éléments qui le font ressembler à un clown. Comment justifie-t-il sa conduite ? Que remarquez-vous dans ses prises de parole par rapport à celles de Cœlio ?

b. Dans une mise en scène, quels attributs pourrait-on donner à Octave ? Où le voit-on le plus souvent et quel objet a-t-il avec lui ? Imaginez quelques éléments de mise en scène pour jouer le personnage.

c. Comment Marianne considère-t-elle Octave au début de la pièce ? Pourquoi son avis évolue-t-il ? Notez les passages dans lesquels la conversation s'anime, et les railleries qu'ils échangent. En quoi peut-on considérer cela comme un jeu amoureux ?

d. Octave vous semble-t-il un personnage entièrement ridicule ? Quels passages permettraient d'en faire un personnage désespéré ?

C. *Une critique sociale*

a. Quel est le métier de Claudio ? Quand est-il mis en avant et pour quelle raison ? Quelles caractéristiques du métier les personnages semblent-ils percevoir le plus ?

b. Pour Octave, Marianne a un défaut majeur : lequel ? Où souhaite-t-elle donner rendez-vous à Octave quand son mari lui tend un piège ? Ce lieu vous paraît-il normal ? Quel effet cela provoque-t-il ?

c. Plusieurs des tirades de Marianne sont une critique de la condition féminine : que montrent-elles de la situation des femmes à son époque ? Dans la scène 1 de l'acte II, que reproche-t-elle aux hommes ? Au début de la scène 3, quel aspect de la vie des femmes est critiqué ?

2. Dictée préparée

Pour préparer la dictée, revoyez l'accord du participe passé et les formes du subjonctif et du conditionnel.

> Moi seul au monde je l'ai connu. Cette urne d'albâtre, couverte de ce long voile de deuil, est sa parfaite image. C'est ainsi qu'une douce mélancolie voilait les perfections de cette âme tendre et

délicate. Pour moi seul, cette vie silencieuse n'a point été un mystère. Les longues soirées que nous avons passées ensemble sont comme de fraîches oasis dans un désert aride ; elles ont versé sur mon cœur les seules gouttes de rosée qui y soient jamais tombées. Cœlio était la bonne partie de moi-même ; elle est remontée au ciel avec lui. C'était un homme d'un autre temps ; il connaissait les plaisirs et leur préférait la solitude ; il savait combien les illusions sont trompeuses, et il préférait ses illusions à la réalité. Elle eût été heureuse la femme qui l'eût aimé.

(Octave, II, 6)

Fiche 5 : Pour aller plus loin

1. Préparer une mise en scène

Avec un camarade, choisissez puis apprenez une scène à deux personnages. Préparez-en une mise en scène, en imaginant les intentions de chaque personnage et le costume qu'il pourrait porter, ainsi que ses déplacements et ses intonations.

2. Débat

Selon vous, les reproches, les revendications et les actions de Marianne sont-ils justifiés ? Son comportement est-il celui qu'on attend dans de pareilles circonstances ? Organisez un débat pour discuter de la culpabilité de Marianne dans la mort de Cœlio.

3. Étude d'images

Cherchez une reproduction du *Voyageur contemplant une mer de nuages* de C. D. Friedrich, du *Baiser* de F. Hayez et du *Désespéré* de G. Courbet. Selon vous, quel tableau illustre le mieux la pièce ? Quel personnage pourrait être représenté dans chacun de ces tableaux ? Décrivez la manière dont les peintres utilisent les couleurs et la mise en scène pour faire passer des sentiments.

4. Lectures complémentaires

a. William Shakespeare, célèbre dramaturge anglais, a raconté l'histoire de Roméo et Juliette, qui partagent un amour impossible. Cherchez des informations sur cet auteur, et de quelles scènes Musset a pu s'inspirer pour sa pièce. Où se passe la pièce de Shakespeare ? Musset est-il le seul auteur romantique à s'être inspiré de cet écrivain ? Cherchez à quels autres auteurs il a servi de modèle.

b. Choisissez une des pièces de cet auteur et préparez un exposé en présentant les personnages principaux, et les sentiments ou les défauts que cette pièce met en avant.

c. Musset a écrit de nombreuses autres pièces de théâtre, dans lesquelles l'amour a souvent un dénouement tragique. Cherchez des résumés de ces pièces, et comparez les personnages principaux avec ceux des *Caprices de Marianne*. Vous pourrez proposer une présentation d'une de ces pièces à la classe.

d. Quels parallèles peut-on faire entre les deux pièces de Musset, *Les Caprices de Marianne* et *On ne badine pas avec l'amour*, notamment entre les personnages de Marianne et de Camille ?

LEXIQUE

Abhorrer (v.) : détester

Abjecte (adj.) : méprisable

Accoutrement (n. m.) : habillement étrange, déguisement

Adonis : personnage de la mythologie célèbre pour sa beauté

Albâtre (n. m.) : pierre blanche, symbole de pureté

Assiduités (n. f.) : empressement auprès d'une femme

Augure (de mauvais augure) (n. m.) : qui laisse présager quelque chose (de mauvais)

Bégueule (n. f.) : (familier) femme trop morale

Bélître (n. m.) : sot

Blasés (adj.) : indifférents à cause de l'habitude

Brodequins (n. m.) : chaussures

Calice (n. m.) : coupe

Causticité (n. f.) : ironie blessante

Cavalcader (v.) : chevaucher

Chérir (v.) : aimer

Chimère (n. f.) : rêve, délire

Conjurer (v.) : supplier

Créanciers (n. m.) : hommes à qui l'on doit de l'argent

Débauché (n. m.) : qui a un comportement immoral, qui passe son temps à se divertir

Dévote (adj.) : qui a un grand respect pour la religion

Divaguer (v.) : errer

Embraser (v.) : enflammer

Empourprée (adj.) : devenir rouge

Enchâssés (adj.) : enfermés dans un coffre, précieux

Entremetteuses (n. f.) : femmes servant d'intermédiaires pour une déclaration amoureuse

Éperdument (adv.) : avec flamme, sans limite

Extravagances (n. f.) : choses démesurées qui échappent à la raison

Faisceau (n. m.) : assemblage très serré

Godelureau (n. m.) : jeune homme qui courtise les femmes

Greffier (n. m.) : assistant du juge

Gris (adj.) : ici, ivre

Harangues (n. f.) : grands discours

Histrion (n. m.) : acteur comique

Importunité (n. f.) : comportement gênant et déplacé

Impudentes : offensantes

Inconvenance (n. f.) : caractère de ce qui est déplacé, choquant

Jalousie (n. f.) : ici, type de fenêtre

Languir (v.) : s'affaiblir

Marmotter (v.) : dire de manière confuse

Miséricorde (n. f.) : pardon, indulgence

Pédant (n. m.) : personnage qui veut faire la leçon

Perfidie (n. f.) : traîtrise

Poterne (n. f.) : porte de derrière

Racornies (adj.) : desséchées

Redondantes (adj.) : répétées

Rouerie (n. f.) : tromperie

Sigisbée (n. m.) : chevalier servant

Tonnelle (n. f.) : terrasse ombragée

Trame (n. f.) : complot

Vêpres (n. f. pl.) : prières de la fin de l'après-midi

Vermeilles (adj.) : rouge vif

Achevé d'imprimer en Italie
par Grafica Veneta en mars 2022
Dépôt légal janvier 2019
EAN 9782290200971
OTP L21ELLN000951A003

—

Conception des principes de mise en page :
Jean-Noël LECLERE

—

Composition : PCA

—

ÉDITIONS J'AI LU
87, quai Panhard-et-Levassor,
75013 Paris
Diffusion France et étranger : Flammarion

Librio

39